대학생을 위한

학술적 글쓰기

대학생을 위한

학술적 글쓰기

강민정/강현주/김민국/박용식

소통 능력

사고 능력

경상국립대학교출판부

책머리에

이 책의 특성과 학습 방법

『대학생을 위한 학술적 글쓰기』는 대학생들이 학문 활동을 위한 학술적 글쓰기 방법을 학습하여 학술적 문제 해결 능력과 사고 능력, 소통 능력을 함양하도록 구성한 책이다. 이 책을 효과적으로 활용하기 위해 필요한 사항은 다음과 같다.

◆ 이 책의 구성

이 책은 크게 3부 14장과 부록으로 구성되어 있다. 1부에는 학술적 글쓰기의 요건을 비롯하여 바른 문장과 체계적인 단락, 글쓰기 윤리 등의 기초적인 요소를 담았다. 2부에는 글을 계획하고 집필하는 데에 필요한 방법과 전략을 담았다. 3부에는 학술적 글쓰기의 유형별 특성과 작성 방법 등을 담아 1부와 2부에서 학습한 내용을 실제 글쓰기에 구체적으로 적용할 수 있도록 구성하였다. 부록에는 어문 규범 등을 담았다.

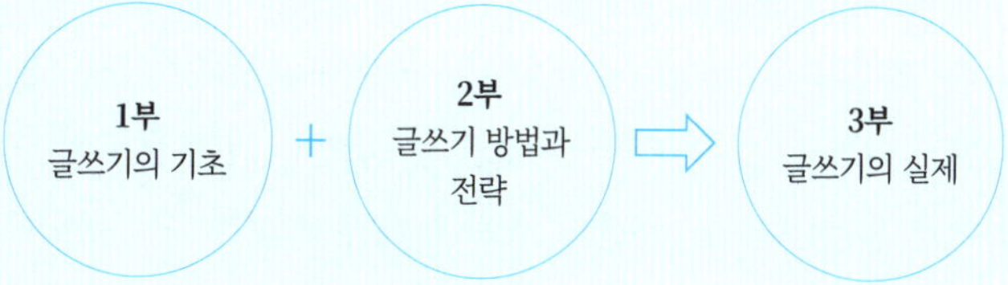

각 부 내용의 학습 흐름도

각 장은 '이해와 방법', '연습 문제', '학습 활동'으로 구성되어 있다.

• 이해와 방법

각 장의 내용은 간결하게 제시하였다. 줄글식 서술은 최대한 짧게 기술하였고, 핵심 내용은 그 아래에 따로 제시하여 쉽게 찾아보고 이해할 수 있도록 하였다. 더불어 예시나 도식, 이미지 등을 활용하여 독자의 이해를 돕고자 하였다. 알아두면 유용한 내용은 '길잡이' 난에 담아 학습자가 내용을 쉽고 빠르게 찾을 수 있게 하였다.

• 연습 문제

각 장이나 절의 마지막에 '연습 문제'를 구성하였다. 앞서 학습한 내용을 실제로 적용하여 문제를 해결하면서 내용을 이해할 수 있도록 하였다.

• 학습 활동

각 장의 마지막에 '학습 활동'을 구성하였다. 앞서 학습한 내용과 관련하여 조사, 토론, 실습 등의 활동을 하면서 각 장에서 학습한 내용을 종합적으로 점검하고 익힐 수 있도록 하였다.

◆ 이 책의 내용

• 1부. 학술적 글쓰기의 기초

1부에서는 학술적 글쓰기의 기초를 다루었다. 1장에서는 글쓰기의 의미와 중요성, 학술적 글쓰기의 특성을 설명한다. 2장에서는 좋은 글을 쓰기 위해 갖추어야 할 바른 문장과 학술적 글쓰기에서 갖추어야 할 문장의 요건에 대해 살펴본다. 3장에서는 단락 구성과 배열 방법에 대해서 알아보고 5단락 글쓰기를 연습하도록 한다. 4장에서는 학문적 윤리의 가장 기본이 되는 글쓰기 윤리와 바른 인용법을 학습한다.

• 2부. 학술적 글쓰기의 방법과 전략

5, 6, 7장에서는 글을 쓰기 전 계획하는 과정을 다루었다. 5장에서는 주제의 요건과 주제를 설정하는 절차에 대해서 학습한다. 6장에서는 연구 계획서의 구성과 작성 방법을 학습하고, 7장에서는 이를 바탕으로 글의 개요와 목차를 구성하는 방법을 익히도록 한다. 8, 9, 10장에서는 글을 집필할 때 필요한 실제적인 전략을 다루었다. 8장에서는 관련 자료를 탐색하고 분석하여 자신의 논의에 활용하는 방법을 설명하고 9장에서는 논리적으로 의견을 펼치기 위한 논증의 기본적 구조와 논증의 방법을 익히도록 한다. 10장에는 학술적 글쓰기에서 서론과 결론을 쓰는 방법을 담았다.

• 3부. 학술적 글쓰기의 실제

3부에서는 1부, 2부에서 학습한 내용을 바탕으로 실제 학술적 글쓰기를 작성하는 방법을 다루었다. 학술적 글쓰기를 '학술 에세이(11장)', '논문 및 보고서(12장)', '실험 보고서(13장)', '제안서(14장)'로 나누어 각 유형의 개념과 특성을 살펴보고 실제로 작성하기 위한 과정을 익힌다.

◆ 교수자가 알아야 할 사항

- 이 책은 1, 2, 3부의 내용이 유기적으로 구성되어 있다. 따라서 1부에서 기초, 2부에서 방법과 전략을 학습하고 이를 적용하여 3부에서 다양한 유형의 학술적 글쓰기를 할 수 있도록 하는 것이 좋다.
- 교수자는 교재에 나온 예시 등에 국한하지 말고, 학생들의 관심도, 전공 등과 연결하여 학습자들이 흥미를 가지고 학습할 수 있도록 해야 한다.

- '연습 문제'와 '학습 활동'을 적절하게 선택하여 학습자들이 잘 수행할 수 있도록 유도하고 피드백을 충실히 하여 학습자들이 각 절과 장의 내용을 익힐 수 있도록 해야 한다.
- 3부에서는 실제 학술적 글쓰기를 수행하도록 한다. 학습자들이 학술적 글쓰기의 전 과정에서 교수자와 소통할 수 있도록 유도하여 학습 효과를 높일 수 있도록 해야 한다.

◆ 학생이 알아야 할 사항

- 이 책은 글쓰기 기초 지식과 함께 다양한 학술적 글쓰기를 위한 방법을 담고 있다. 이를 통해 대학 수업 이수와 학문 활동을 위한 학술적 글쓰기 능력을 향상할 수 있도록 노력한다.
- 예시로 소개된 글 외에도 능동적으로 관련 자료를 찾아 읽음으로써 주제를 깊이 있게 이해하고자 노력해야 한다.
- 좋은 글을 쓰기 위해서 동료 학생들과 적극적으로 대화하고 토론해야 한다.
- 유용한 내용을 집약적으로 담은 길잡이를 효율적으로 활용한다.
- 연습 문제와 학습 활동을 성실히 수행하여 각 장과 절의 내용을 익히고 실제 글쓰기에서 적용할 수 있도록 한다.
- 글쓰기 과제를 수행할 때에는 참고 자료에 대한 출처를 명확히 밝히고 표절을 하지 않도록 유의해야 한다.
- 글쓰기의 학습 성과를 얻기 위해 주저하지 말고 교수자의 도움을 받는다.

목차

제2부 학술적 글쓰기의 방법과 전략

제3부 학술적 글쓰기의 실제

제1부

학술적 글쓰기의 기초

1. 학술적 글쓰기의 이해

이 장에서는 글쓰기가 어떠한 의미를 담고 있는지, 우리의 삶에서 왜 중요한지를 이해하고 다른 글쓰기와 구별되는 학술적 글쓰기의 특성을 알아본다.

1.1. 글쓰기의 의미

학술적 글쓰기도 결국 글쓰기의 하나이므로 학술적 글쓰기를 이해하기 위해서는 우선 글쓰기의 기본적 의미부터 이해할 필요가 있다. 글쓰기란 기본적으로 글을 통해 타인과 소통하는 행위이다. 또한 글쓰기는 문제를 발견하고 이를 해결하는 과정이므로 문제의 발견 및 해결이라는 의미도 갖는다.

(1) 소통으로서의 글쓰기

글쓰기란 글로써 자신의 생각을 표현하여 타인과 소통하는 과정이다. 따라서 독자의 공감을 얻는 것이 글쓰기에서 가장 기본이 된다. 아무리 훌륭한 글이라도 독자의 공감을 얻지 못하거나 독자와 소통할 수 없다면 그 글은 가치를 잃게 된다.

글로써 소통하는 것은 말로써 소통하는 것보다 훨씬 어렵다. 말하기는 대개 여러 상황 맥락의 도움을 받아 쉽게 소통이 가능하지만 글쓰기는 이러한 도움을 받을 수 없으므로 소통이 쉽지 않다. 그렇기 때문에 글을 쓸 때에는 독자와의 소통을 위해 많은 노력을 기울여야 한다.

길잡이 1. **필자의 생각 vs. 독자의 공감**

대학생들이 글을 처음 쓸 때 가장 많이 하는 실수 중 하나가 글쓰기가 '소통' 행위라는 사실을 간과하고 자신의 생각을 글로 옮겨 내는 것에만 몰두하는 것이다. 그러나 냉정히 말하면, 글쓰기에서 필자는 '을'이고 독자가 '갑'이다. 글의 우수성은 독자가 판단하는 것이고 독자들이 이해하지 못하는 글은 아무런 의미가 없기 때문이다. 따라서 글을 쓸 때에는 내 생각에 대해 독자가 공감해 줄 것인가를 늘 고민해야 한다.

길잡이 2. **좋은 글의 기본 요건: 주제, 문장, 구성**

독자의 공감은 좋은 글의 필요조건이다. 독자의 공감을 얻기 위해서는 '주제', '문장', '구성'의 세 가지 기본적 사항에 유의할 필요가 있다. 이러한 기본적 사항만 잘 지키면 좋은 글이 되지 못하더라도 적어도 나쁜 글이 되는 것은 피할 수 있다.

• 주제: 적절하고 타당한 주제

• 문장: 정확하고 쉽게 잘 읽히는 문장

• 구성: 주제를 효과적으로 전달하는 짜임새 있는 구성

(2) 문제의 발견과 해결로서의 글쓰기

글쓰기는 어떠한 대상에 대해 '문제'를 발견하고 이를 해결하는 과정이다. '문제'를 너무 거창하게 생각할 필요는 없다. 그 대상이 무엇이냐에 따라 개인적 문제, 사회적 문제, 학술적 문제 등 문제의 종류는 다양하겠지만 우리가 무엇인가에 대해 생각하고 고민하게 만드는 것이라면 모두 '문제'가 된다.

글을 쓰기 위해서는 결국 문제를 발견해야 한다. 문제가 표면적으로 드러나는 경우도 있지만 대개는 표면적 현상 이면에 숨어 있다. 따라서 글을 쓰기 위해 문제를 발견하는 과정은 비판적 사고력과 창의력을 키우는 훈련이 된다. 우리의 삶에서 글쓰기가 중요한 의미를 갖는 것은 바로 이러한 이유 때문이다.

길잡이 3. 글쓰기의 가치

데생은 모든 미술에서 가장 기본이 된다. 데생을 통해 사물을 관찰하는 법을 훈련할 수 있기 때문이다. 글쓰기도 이와 마찬가지이다. 문제를 발견하는 과정에서 우리 자신과 세상을 바라보는 법을 훈련할 수 있다. 이러한 관찰의 힘은 결국 우리를 둘러싼 문제를 해결하기 위한 출발점이 되므로 우리가 더 나은 세상을 향해 나아가는 원동력이 된다.

길잡이 4. 스스로 문제 구성하기

우리는 주어진 문제를 놓고 이를 해결하는 것에 익숙해져 있다. 그러나 글을 쓰기 위해서는 자기가 쓸 글의 문제를 스스로 발견하거나 만들어 내야 한다. 이를 통해서 우리는 관찰력, 비판적 사고력, 창의력 등을 키울 수 있다. 문제는 어떠한 대상에 대한 질문의 형태로 구성되고 확장된다. 예컨대, '오늘 아침 길이 막혀 학교에 지각한 일'은 '왜 아침마다 항상 길이 막히는가?', '우리 지역의 도로 교통에는 어떠한 문제가 있는가?', '이러한 문제는 어떻게 해결할 수 있는가?' 등등의 질문 형태로 문제를 구성하고 확장할 수 있다.

연습 문제 1

제시된 주제 중 하나를 선택하고 아래의 사항에 유의하여 글을 한 편 써 보자.

주제

- '나'에 대한 글쓰기
- 책 또는 영화를 비평하는 글쓰기
- 학교 생활의 불편한 점을 지적하고 개선을 촉구하는 글쓰기

유의 사항

- 필자 자신의 생각을 표현하는 도구로서의 글쓰기
- 독자와 소통하는 과정으로서의 글쓰기
- 문제를 발견하고 해결하는 과정으로서의 글쓰기

1.2. 학술적 글쓰기의 특성

학술적 글쓰기는 학습이나 연구 과정에서 얻은 학문적 성과를 알리기 위해 해당 분야의 지식과 언어를 사용하여 일정한 형식의 글로 표현하는 것을 말한다. 즉, 지식을 생산하고 알리는 것을 목적으로 하는 글쓰기이다. 그 형식에 따라 '학술 에세이', '학술 보고서', '논문' 등이 이에 해당한다.

◆ 문학적 글쓰기와 학술적 글쓰기의 차이

	문학적 글쓰기	학술적 글쓰기
성격	감성적, 정서적, 주관적, 함축적	이성적, 논리적, 객관적, 명시적
문제 대상	다양함	주로 학술적 문제, 사회적 문제
목적	재미, 감동, 미적 쾌감	정보 전달, 주장 및 설득
종류	소설, 시, 수필 등 문학 작품	학술 에세이, 보고서, 논문 등
서술 방식	개인적 견해나 느낌을 바탕으로 한 주관적 서술	객관적 입증을 바탕으로 한 논리적 서술
문체	자유로움	격식적인 문어체

대학에서 이루어지는 학문적 활동은 이러한 학술적 글쓰기를 통해 이루어지고 완성된다. 대학생들에게 학술적 글쓰기를 강조하는 이유가 바로 여기에 있다. 학술적 글쓰기도 글쓰기의 하나이므로 앞서 언급한 글쓰기의 일반적인 의미를 모두 담고 있지만 학술적 글쓰기에서 특수하게 요구되는 사항들이 있다.

(1) 내용적 특성

좁은 의미에서 학술적 글쓰기는 전공 학문과 관련된 학술적 문제를 해결하는 글이다. 보다 넓게 보면 문제의 종류나 성격과 상관없이 논리적으로 문제를 해결하는 글이라면 학술적 글쓰기에 포함될 수 있다. 논리적 문제 해결의 핵심은 '논리적이고 체계적인 흐름 및 구성'과 '이유와 근거를 바탕으로 한 주장의 논리적 정당화'에 있다.

◆ 학술적 글쓰기의 기본적 내용 특성

- 논리성
  - 논리적이고 체계적인 흐름 및 구성 ➡ 3장, 7장
  - 이유나 근거를 바탕으로 한 주장의 논리적 정당화 ➡ 9장
- 객관성: 구체적 자료를 바탕으로 한 객관적 타당성 입증 ➡ 4장, 8장
- 합리성: 합리적 주제 및 계획을 통한 논의의 가치성 ➡ 5장, 6장
- 윤리성: 학문적 윤리의 준수를 통한 정직성과 공정성 ➡ 4장

길잡이 5. 후천적 노력의 중요성

문학적 글쓰기는 선천적 재능이 중요하다. 선천적 재능 없이 노력만으로 좋은 문학 작품을 쓰는 것은 매우 어렵다. 그러나 우리가 대학에서 쓰는 글은 문학적 글쓰기가 아니라 학술적 글쓰기이다. 학술적 글쓰기는 노력과 연습을 통해 일정한 수준에 오를 수 있다. 아무리 글쓰기에 재능이 있는 사람이라도 노력과 연습 없이는 학술적 글쓰기를 완성할 수 없다. 학술적 글쓰기가 쉽지만은 않지만 자신의 재주 또는 재능을 탓할 필요는 없다.

(2) 형식적 특성

학술적 글쓰기는 공적이고 격식적인 글이다. 따라서 학술적 글쓰기를 할 때에는 요구하는 형식적 특성을 갖추어야 한다. 주로 '문장', '인용법과 참고 문헌 정리 방식'과 관련된다.

◆ 학술적 글쓰기의 기본적인 형식 특성

- 객관적 서술 및 격식적인 문어체 문장 ➡ 2장
- 인용법 및 참고 문헌 정리 양식 준수 및 통일 ➡ 4장
- 서론과 결론의 일반적 양식 준수 ➡ 10장
- 글쓰기의 유형에 따라 정해진 일반적 글쓰기 양식 준수 ➡ 11장~14장

학습 활동

1. 다음 동영상을 시청한 후에 글쓰기의 효용과 가치에 대해서 생각해 보고 글쓰기와 학문적 활동의 관계에 대해서도 논의해 보자.(www.youtube.com/watch?v=8lj2sB2WNoc)

2. 다음 동영상을 시청하고 글쓰기 실력을 향상하기 위해 자신에게 어떠한 노력이 필요한지 생각해 보고 자신만의 훈련 방법이 있다면 이에 대해서도 논의해 보자. (www.youtube.com/watch?v=S27Z_-S_aLI)

3. 다음에 제시된 질문을 중심으로 자신의 글쓰기 습관 및 태도를 정리해 보자.

- 글쓰기에 두려움이 있는가? 있다면 무엇 때문에 그러한가?
- 자신의 글쓰기 수준이 어느 정도라고 생각하는가? 왜 그렇게 생각하는가?
- 글을 쓰기 전에 어떤 준비를 하는가? 그 준비 과정은 어떠한가?

4. 교수자의 도움을 받아 학술 논문 한 편을 선택하여 학술 논문과 자신이 좋아하는 소설이나 수필이 어떤 차이가 있는지 정리해 보자.

2. 문장 쓰기

이 장에서는 좋은 글을 쓰기 위해 가장 기본적으로 갖추어야 할 요건인 바른 문장 쓰기에 대해서 알아보고 학술적 글쓰기에서 갖추어야 할 문장의 요건에 대해서 살펴본다.

2.1. 바른 문장 쓰기

바른 문장이란, 자신의 생각을 오해 없이 독자에게 정확하게 잘 전달할 수 있는 문장을 말한다. 바른 문장이 곧 좋은 문장이라고 할 수는 없지만 좋은 문장은 모두 바른 문장이다. 즉, 바른 문장은 좋은 문장의 기본 요건이다. 또한 글의 내용은 문장을 통해 전달되므로 바른 문장은 좋은 글의 기본적인 요건이 된다.

길잡이 1. 글쓰기에서 문장 쓰기의 중요성: 말과 글의 차이

일상적 대화에서는 상황적 맥락의 도움을 받아 단어만으로도, 심지어 표정만으로도 소통이 가능하다. 그러나 글에서는 상황적 맥락 없이 의미가 전달되므로 누가, 언제, 어디에서 읽어도 이해할 수 있는 문장을 써야 한다. 필자의 입장에서는 쉽게 이해할 수 있는 문장이라도 독자의 입장에서는 불친절하거나 이해하기 어려운 문장이 될 수 있음을 명심해야 한다.

(1) 바른 문장 쓰기가 어려운 이유

바른 문장 쓰기의 어려움을 자신의 재능 부족 탓으로 돌리는 경우가 많다. 하지만 바른 문장을 쓰지 못하는 이유를 살펴보면 외부적 요인에 의한 경우가 대부분이다. 이러한 외부적 요인을 인식하고 개선해 나가는 것만으로도 바른 문장 쓰기에 큰 도움이 된다.

◆ 바른 문장 쓰기의 방해 요소

- 정리되지 않은 생각
- 아는 것보다 더 많은 것을 쓰려는 욕심
- 멋있고 유려한 문장에 대한 동경
- 독자의 입장을 고려한 자기 객관화 부족
- 성의 없는 퇴고

길잡이 2. 독자의 입장에서 객관화해서 읽기

바른 문장 쓰기의 핵심은 자신의 글을 독자의 입장에서 객관화해서 보는 것이다. 그러나 필자의 입장에서는 문장을 통해 드러내고자 하는 생각이 머릿속에 선명하게 존재하므로 실제로는 어색한 문장일지라도 문제점을 발견하기 어렵다. 따라서 자신의 글을 객관화해서 보기 위해 다음과 같은 단계를 거칠 필요가 있다.

1. 글을 쓰고 시간이 지난 뒤, 글이 낯설게 느껴질 때 글을 검토한다.
2. 반드시 출력하여 자신이 들을 수 있을 정도로 소리 내어 읽어 본다.
3. 다른 사람에게 읽어 보게 하여 검토를 받는다.

(2) 바른 문장 쓰기의 방법

멋있는 문장이 멋있는 글을 만든다고 생각하는 경우가 많다. 그러나 글의 수준은 글이 담고 있는 내용이 결정하는 것이므로 바른 문장 쓰기만으로도 얼마든지 멋있는 글을 만들 수 있다. 특히 바른 문장 쓰기는 몇 가지 사항에 유의하여 노력만 한다면 타고난 재능과는 무관하게 누구나 충분히 가능하므로 노력하는 자세가 매우 중요하다.

◆ 바른 문장 쓰기를 위한 확인 사항

• 주어와 서술어의 호응

주어와 서술어는 문장의 시작점과 끝점으로 문장의 기본적 뼈대를 형성하므로 주술 호응 여부의 확인은 문장 쓰기의 출발점이다. 문장에 담고자 한 내용을 먼저 확인하고 시작점과 끝점을 연결하여 주술 호응 여부를 확인한다.

예시 1

㉠ 이번에 새로 나온 이 노트북의 가장 큰 장점은 작고 가볍다.

→ 이번에 새로 나온 이 노트북의 가장 큰 장점은 작고 가볍다는 것이다.

㉡ 이 지역은 무단 입산자에 대하여는 자연 공원법 제60조에 의거하여 처벌을 받게 됩니다.

→ 이 지역을 무단으로 입산하는 사람은 자연 공원법 제60조에 의거하여 처벌을 받게 됩니다.

㉢ 우리가 주목할 사실은 글쓰기 계획 단계에서 화제 및 주제에 대해 깊이 고려하지 않고 있다.

→ 우리가 주목할 사실은 글쓰기 계획 단계에서 화제 및 주제에 대해 깊이 고려하지 않고 있다는 것이다.

㉣ 앞서 제시한 문제점을 살펴봤을 때, 우리 사회는 외부 사회에 대해 지나친 적대적 감정을 가지는 것이 원인이다.

→ 앞서 제시한 문제점을 살펴봤을 때, 우리 사회의 문제는 외부 사회에 대해 지나친 적대적 감정을 가지기 때문에 생긴다.

• 문장 성분 제대로 갖추기

문장 성분이 과도하게 생략되면 정확한 내용의 전달이 어려워진다. 문장 성분의 과도한 생략은 입말에 익숙해져 있기 때문에 주로 생긴다. 독자의 입장에서 글을 읽어 보고 오해의 여지가 없도록 필수적인 문장 성분의 생략 여부를 확인한다.

예시 2

㉠ 본격적인 공사가 언제 시작되고 언제 개통될지 모른다.

→ 본격적인 공사가 언제 시작되고 다리가/철도가 언제 개통될지 모른다.

㉡ 예컨대, 자신의 정치 성향이 우파이고 친구들의 정치 성향이 좌파라면 쉽게 말하기 어려울 것이다.

→ 예컨대, 자신의 정치 성향이 우파이고, 친구들의 정치 성향이 좌파라면 자신의 정치 성향을 친구들에게 쉽게 말하기 어려울 것이다.

㉢ 세계 모든 국가는 외국과의 교류를 통해 성장해 왔으므로 우리나라의 현재 상황에도 큰 영향을 끼치고 있을 것이다.

→ 세계 모든 국가는 외국과의 교류를 통해 성장해 왔으므로 외국과의 교류 활동은 우리나라의 현재 상황에도 큰 영향을 끼치고 있을 것이다.

• 문장의 구조적 안정성

문장과 문장, 단어와 단어 등을 연결할 때 연결되는 두 부분이 평행한 구조를 이루어야 문장이 매끄러워진다. 주어와 서술어의 호응과 마찬가지로 서로 연결되는 두 부분의 표현을 비교하여 평행한 구조를 이루는지 확인한다.

예시 3

㉠ 어떤 사람들은 대부분의 시간을 사람들 사이에서 살아가는 반면에, 홀로 시간을 보내는 것에 더 편안함을 느끼는 사람들도 있다.

→ 대부분의 시간을 사람들 사이에서 보내는 사람이 있는 반면에, 홀로 시간을 보내는 것에 더 편안함을 느끼는 사람들도 있다.

㉡ 자아를 발견하고, 끝없는 질문과 반성은 삶의 과정에서 굉장히 중요한 부분이다.

→ 자아의 발견, 끝없는 질문과 반성은 삶의 과정에서 굉장히 중요한 부분이다.

→ 자아를 발견하고, 끝없이 질문하고 반성하는 것은 삶의 과정에서 굉장히 중요한 부분이다.

ㄷ 정책의 문제점 분석과 개선 방향을 진지하게 고려해 볼 필요가 있다.

→ 정책의 문제점을 분석하고 개선 방향을 진지하게 고려해 볼 필요가 있다.

ㄹ 이 글에서는 골다공증을 일으키거나 관절염 발생을 예방하는 방법에 대해서 알아보았다.

→ 이 글에서는 골다공증을 일으키거나 관절염을 발생시키는 원인에 대해서 알아보았다.

→ 이 글에서는 골다공증과 관절염을 예방하는 방법에 대해서 알아보았다.

• 적절한 표현 및 어휘의 사용

적절한 표현 및 어휘를 사용해야 정확한 내용을 전달할 수 있다. 늘 사전을 확인하여 표현 및 어휘의 정확한 용법을 익히는 습관을 기른다. 특히, 유려한 느낌을 주기 위해 어렵고 낯선 표현을 쓰기보다는 쉬운 표현이라도 제대로 정확하게 쓰는 것이 좋다.

예시 4

ㄱ 이 조사를 통해 제품의 하자 여부를 알 수 있었다.

→ 이 조사를 통해 제품의 하자 유무를 알 수 있었다.

ㄴ 우리는 부정행위를 용인하거나 수행할 위험이 있다.

→ 우리는 부정행위를 묵인하거나 저지를 위험이 있다.

• 짧고 간결한 문장

길고 복잡한 문장은 주술 호응이나 문장의 구조적 안정 등에 문제가 없어도 가독성이 떨어지므로 좋지 않은 문장이다. 불필요한 내용은 과감히 삭제하고 되도록 한 문장에는 하나의 중심 내용만을 담는다. 소리 내어 읽었을 때 한 번의 호흡으로 읽히지 않는다면 문장을 쪼개어 작성하는 것이 좋다.

예시 5

㉠ 우리 사회의 많은 분야가 지난 수십 년간에 걸쳐 국제 수준에 맞추어 급속한 발전을 이룩해 왔지만 이러한 추세에 부응해 제대로 따라오지 못한 분야 중 하나가 교육이다.

→ 우리 사회의 많은 분야가 지난 수십 년간 국제 수준에 맞추어 급속히 발전했지만 교육 분야는 이러한 추세를 따라오지 못하였다.

㉡ 남자 야구와 달리 여자 야구에 프로 리그가 존재하지 않는 것에 대하여 이것은 여성에 대한 무시이자 차별이라고 말하는 사람이 있을 수 있지만, 이런 것은 여성 야구인의 신체적 능력이 남성 야구인에 비해 현저히 떨어지기 때문이므로 무시나 차별이 아닌 현실적인 상황이 반영된 것으로 볼 수 있다.

→ 남자 야구와 달리 여자 야구에 프로 리그가 존재하지 않는 것을 여성에 대한 무시이자 차별로 볼 수 있다. 그러나 이는 여성 야구인의 신체적 능력이 남성 야구인에 비해 현저히 떨어지기 때문이므로 무시나 차별이 아닌 현실적인 상황이 반영된 것으로 볼 수 있다.

• 동사 중심의 표현

명사문이란, 동사로 표현할 수 있는 내용을 명사 형식으로 쓴 문장이다. 명사문은 정보를 압축적으로 제시할 수 있지만 문장의 구조를 복잡하게 하여 내용 전달을 어렵게 한다. 한국어는 명사 중심의 표현보다 동사 중심의 표현이 발달한 언어이므로 동사 중심의 표현을 쓰는 것이 보다 자연스러운 한국어 표현이 된다.

예시 6

㉠ 강한 햇빛에도 변색이 없는 것이 장점이다.

→ 강한 햇빛에도 변색하지 않는 것이 장점이다.

→ 강한 햇빛에도 색이 변하지 않는 것이 장점이다.

㉡ 전쟁에 의한 인명 피해 방지를 위해서는, 세계 각국의 자발적인 평화 유지 노력이 필요하다.

→ 전쟁으로 일어나는 인명 피해를 막기 위해서는, 세계 각국이 자발적으로 평화를 유지하려는 노력을 해야 한다.

길잡이 3. **바른 문장 쓰기의 유의 사항**

- 문장 성분을 모두 갖추어 썼을 때 어색해지는 경우도 있다. 이어진 문장에서 앞 문장의 주어와 뒤 문장의 주어가 동일한 경우가 그러하다.
  예) 철수가 집에 가서 ~~철수가~~ 밥을 먹고 ~~철수가~~ 공원에 산책을 갔다.
- 문장을 짧게 끊어 쓰는 것만이 능사가 아니다. 문장을 계속 짧게 끊어서 쓰면 글의 호흡이 가빠지고 글의 흐름이 연결되지 않는 문제가 생긴다.
- 명사문을 모두 동사문으로 바꾸어 쓸 수는 없다. 특히 학술적 글쓰기에서는 간결함을 위해 명사문 표현을 써야 하는 경우도 있다.
- 문장을 수정할 때, 처음 쓴 문장 표현에 집착하지 않는다. 처음 쓴 문장 표현의 일부분을 수정하는 것보다 아예 새로운 표현으로 고치는 것이 더 효율적인 경우도 있다.

연습 문제 1

제시된 문장을 바른 문장으로 고쳐 보자.

- 이러한 정책은 여러 지자체에서 제안한 바 있다.

- 이 제품의 장점은 바로 극한의 상황에서도 쉽게 망가지지 않았다는 사실이다.

- 산에서는 해가 지면 갑자기 기온이 내려가는 경우가 높다.

- 학생들은 좋은 성적은 물론이고 성실한 학교생활을 하기 위해서도 노력한다.

- 결론적으로 진주형평운동의 의의는 현대 인권 운동의 시작이 되었다.

- 이러한 검토를 통해 본고에서는 지역어에 대한 관심이 많아질 것이다.

- 여기서는 비대면 수업이 학업성취도에 대한 영향을 분석한다.

- 우리가 이 책에서 주장하고자 한 것은 인간은 누구나 잘못을 저지를 수 있다는 의미를 담고 있다.

- 정부는 복지 증진과 인권을 보장하여 국민 권익 향상을 위해 힘써야 한다.

- 기술 혁신으로 인해 컴퓨터에서 발생하는 소음과 성능을 높일 수 있게 되었다.

- 이 기록에 2020년 수출액은 전체 국가 GDP의 15.2%를 차지했다.

- 인간은 자연에 순응하면서, 한편으로는 이용하며 살았다.

- 따라서 이 문제에 대한 지속적인 논의할 것이 필요하다.

- 우리는 일관적이지 못한 내용 설정으로 글쓰기에 큰 어려움을 겪는다.

- 이러한 언어 사용에 대해서 사회적인 인식은 어떨까?

- 문제는 이러한 시스템이 오랜 시간 사회 제도에 의해 형성된 것으로 개인적인 노력만으로 이를 극복할 수 없다.

- 기상청은 올여름 장마가 예년보다 한 달 이상 길어질 것으로 예측하면서 장마 피해액이 수백억에 이를 것으로 집계되고 있다.

- 우리는 그곳에서 새롭고 즐거운 시간들도 많이 보냈지만 타지에서의 경험이 늘 유쾌한 것만은 아니었다.

2.2. 학술적 글쓰기의 문장

학술적 글쓰기에서의 문장은 바른 문장 쓰기 외에도 갖추어야 할 요건들이 몇 가지가 더 있다. 학술적 글쓰기의 문장은 기본적으로 '객관성'과 '격식성'을 갖춘 문어체로 써야 한다. 학술적 글쓰기를 처음 시작하는 단계에서는 이러한 문장이 다소 낯설게 느껴지겠지만 몇 가지 사항에만 유의하면 금방 익숙해질 수 있다.

(1) 객관적인 서술: 주관적 진술의 객관화

학술적 글쓰기의 문장은 객관적으로 서술되어야 한다. 주관적인 진술을 객관적으로 서술하기 위해서는 글에서 '나'를 숨기고 자신의 의견이나 판단을 구체적인 이유와 근거를 바탕으로 정당화해야 한다.

◆ 객관적 서술의 방법

• 객관적 사실은 주관을 배제하고 구체적으로 명시한다.

예) A 하천의 중금속 농도는 B 하천의 중금속 농도보다 훨씬 높게 나타났다.
→ A 하천의 중금속 농도는 B 하천의 중금속 농도보다 3배 높게 나타났다.

• 주관적 '감정', '기분'을 의견이나 평가의 형태로 제시한다.

예) 나는 이 글에서 활용한 연구 방법이 마음에 안 든다.
→ 이 글에서 활용한 연구 방법에는 문제가 있다.
→ 이 글에서 활용한 연구 방법은 바람직하지 않다.

• 의견이나 평가는 구체적인 이유와 근거를 바탕으로 제시한다.

예) 선행 연구에서 '좀'을 부사 '조금'의 축약형으로만 규정한 것에는 문제가 있다.
→ '좀'은 부사 '조금'의 의미로만 사용되는 것이 아니기 때문에 선행 연구에서

'좀'을 부사 '조금'의 축약형으로만 규정한 것에는 문제가 있다.

• **'나'를 드러내지 않는다.**

예) 나는 우리 사회가 정의롭지 못하다고 생각한다.
→ 우리 사회는 정의롭지 못하다고 생각된다.
예) 내가 쓴 2022년 논문에서 우리나라가 성범죄가 많이 일어나는 것을 알아보았다.
→ 김학술(2022)에서는 우리나라의 높은 성범죄율에 대해서 살펴보았다.

길잡이 4. 글에서 '나'를 드러내지 않는 방법

1. 글에서 제시되는 의견은 특별한 언급이 없는 한 모두 필자의 의견이므로 '나'를 드러내지 않아도 '나'의 의견임을 충분히 알 수 있다. 그럼에도 '나'를 드러내야 하는 경우에는 '이 글', '이 연구', '본 연구', '본고', '우리'와 같은 표현을 쓸 수 있다.

   예) 나는 이 보고서에서 조선 시대의 역사적 특징을 살펴보고 싶다.
   → 본고에서는 조선 시대의 역사적 특징을 살펴보고자 한다.

2. 주체를 명백히 드러내지 않아도 되는 방식으로 문장을 쓴다.

   예) 나는 A에 음수를 곱하여 다음과 같은 식을 얻었다.
   → A에 음수를 곱하게 되면 다음과 같은 식을 얻을 수 있다.

3. 주체 중심의 능동 표현을 사물 중심의 피동 표현으로 바꾸어 쓴다.

   예) 나는 제보자들의 인터뷰를 심층 면접 형식으로 진행하였다.
   → 제보자들의 인터뷰는 심층 면접 형식으로 진행되었다.

연습 문제 2

제시된 문장을 객관적 서술의 형태로 바꾸어 보자.

- 나는 우리 국민들이 외국인 노동자들을 조금 더 배려해야 한다고 생각한다.

- 나는 이 보고서에서 청소년의 비행 실태를 알아보고 싶어 이 글을 쓴다.

- 나는 앞서 살펴본 다른 나라의 선진 사례들을 통해 이 문제의 답을 찾을 수 있을 것 같다.

- 나는 2021년에 쓴 내 보고서에서 과거사 청산을 통한 국제적 신뢰 회복이 중요하다고 강조하였다.

- 나는 미생물을 활용한 신소재 개발이 필요하다고 생각한다.

- 보통 문제의 해결책을 찾지 못하면 짜증이 난다.

- 지하철에서 자리 양보를 강요받으면 화가 난다.

- 내가 2020년에 쓴 논문에서는 경남 지역어 부사를 조사했고, 2021년에 쓴 논문에서는 경남 지역어 부사의 소멸 정도를 조사했다.

- 나는 국가가 경제에 개입하는 것이 싫다.

(2) 격식적인 문어체 문장

학술적 글쓰기는 불특정 다수의 독자를 대상으로 하는 격식적이고 공적인 글쓰기이다. 따라서 구어에서 쓰이는 비격식적이고 일상적인 문장 대신 격식성을 갖춘 문어체 문장으로 서술해야 한다. 격식성을 갖춘 문어체 문장을 쓰기 위해서는 '종결 형식', '높임법', '축약형', '구어적 표현' 등에 유의해야 한다.

◆ **격식적인 문어체 문장의 특징**

• 문장의 종결 형식

- 평서문: '-다'로 끝맺는다.

예) 이번 사건을 통해 새로운 사실들이 많이 밝혀졌습니다.
→ 이번 사건을 통해 새로운 사실들이 많이 밝혀졌다.

- 의문문: '-ㄴ가', '-ㄹ까'로 끝맺는다.

예) 그렇다면 이와 같은 문제를 해결할 수 있는 방법은 무엇입니까?
→ 그렇다면 이와 같은 문제를 해결할 수 있는 방법은 무엇일까?/무엇인가?

- 청유문: '-자'로 끝맺는다.

예) 이제부터는 구체적인 문제 해결 방안을 알아봅시다.
→ 이제부터는 구체적인 문제 해결 방안을 알아보자.

• **높임법**: '-님', '께서', '-(으)시-', '말씀' '께' 등과 같은 표현을 쓰지 않는다.

예) 김민국 교수님께서 2022년에 발간한 저서에서는 논문에서는 높임법을 쓰지 않는다고 말씀하셨다.
→ 김민국(2022)에서는 논문에서는 높임법을 쓰지 않는다고 언급하였다.

• **축약 및 생략 표현:** 본래의 형태를 밝혀 쓴다.

축약 및 생략 형태	본래 형태
그건	그것은
그게	그것이
그걸	그것을
~에선	~에서는
근데	그런데
~해 봤다	~해 보았다
~할 거다	~할 것이다
관심 가져야 한다	관심을 가져야 한다
알바	아르바이트
남친	남자친구

• **문어적 표현:** 구어적 표현을 쓰지 않는다.

구어적 표현	문어적 표현
이랑, 하고	와/과
한테, 더러, 보고	에게
그거	그것
되게	매우, 상당히, 꽤
조금	다소
방금 전에	앞서
방금 전까지/아까까지	지금까지
얘기하다, 말하다	언급하다
쓰다	기술하다
-(으)니까	-(으)므로, -기 때문에

• **부정문의 형태:** '-지 않다', '-지 못하다'의 형태의 부정문을 쓴다.

> 예) 5차례의 실험을 진행하는 동안 이상 징후는 안 나타났다.
> → 5차례의 실험을 진행하는 동안 이상 징후는 나타나지 않았다.

연습 문제 3

제시된 글을 격식적인 문어체 문장으로 바꾸어 보자.

요즘 심각하게 대두되고 있는 문제가 바로 저출산, 고령화 문제입니다. 이는 결혼과 출산에 대해 회의적으로 생각하는 청년들이 많아지고 있다는 것에서 비롯된 문제입니다. 이러한 문제에 대해 다양한 측면에서 원인을 분석하고 대책을 세워 해결하려고 하고 있지만 그 성과는 미비합니다. 그렇다면 근본적인 원인을 어디서 찾을 수 있을까요? 경제 주체인 청년들의 경제적 문제에서 그 원인을 찾을 수 있고, 더 거슬러 올라가 경제 교육에서 그 근원적인 문제점이 드러남을 알 수 있습니다. 정현호 선생님께서 2019에 발간한 책에서는 청년들이 짧게는 12년, 길게는 16년을 넘게 학교에서 교육을 받고도 경제적 관념조차 제대로 배우지 못한 채 '자신의 능력껏 살아내야 하는' 사회 속에 내던져진다고 하였으며 이미 고착화된 노동 시장과 세상 속에서 경험도 없고 인프라도 없는 청년들이 끼어 들어갈 자리는 한정적일 수밖에 없다고 언급하셨습니다. (중략) 저는 청년이 되어 경제 활동을 잘 할 수 있도록 경제 교육의 변화가 시급하다는 것에 우리가 관심을 가져야 한다고 생각합니다.

학습 활동

1. 바른 문장 쓰기가 어려운 이유를 자신의 글쓰기 습관과 관련하여 생각해 보자.

2. 자신이 쓴 글과 친구의 글을 서로 바꾸어 읽어 보고, 어색한 문장을 바른 문장으로 고쳐 보자. 어색한 문장을 찾기 어렵다면 더 나은 문장으로 바꾸어 보아도 좋다.

3. 교수자의 도움을 받아 학술 논문 한 편을 선택하여 학술 논문의 문체와 소설이나 수필 같은 문학 작품의 문체가 지닌 차이점을 정리해 보자.

4. 격식적인 문어체 문장의 형식으로 1,000자 가량의 글을 써 보자.

3. 단락의 구성과 배열

이 장에서는 글을 이루는 기본 단위인 단락을 구성하고 구분하는 방법에 대해서 알아보고 글의 전체 구조와 흐름을 고려한 단락의 배열 방법에 대해서 살펴본다.

3.1. 단락의 구성과 구분

단락이란, 문장이 모여 하나의 생각을 이루는 단위를 말한다. 단락은 글을 구성하는 기본 단위로서 단락이 모여 하나의 글을 이루게 된다. 단락의 구분은 필자와 독자에게 모두 도움이 된다. 필자는 단락을 통해 글을 구조화하여 자신의 생각을 체계적으로 전달할 수 있고, 독자는 단락 단위로 글을 읽으며 글의 내용을 보다 효율적이고 쉽게 이해할 수 있다.

(1) 단락의 구성과 전개

단락은 소주제문과 이를 뒷받침하는 문장들로 이루어진다. 소주제문은 단락의 핵심 및 중심 생각을 전달하는 문장이고 뒷받침 문장은 소주제문을 보충·설명하고 구체화하거나 논증하는 문장이다. 단락 구성의 유형은 소주제문의 위치에 따라 두괄식, 미괄식, 양괄식으로 나눌 수 있다.

◆ 단락 구성의 유형

• **두괄식 구성**: 소주제문이 맨 앞에 오는 단락 구성

핵심 내용이 맨 앞에 오므로 독자의 입장에서도 내용 파악에 효율적이고 필자의 입장에서도 핵심 내용을 먼저 밝힘으로써 글을 일관적으로 쓰는 데에 도움이 된다. 정보 전달력이 높아 학술적 글쓰기에서 가장 널리 쓰인다.

예시 1

언어마다 높임을 표현하는 방식이 다르다. 높임을 나타내는 어휘나 문법적 표현이 별로 발달하지 않은 경우도 있다. 영어가 대표적인 예이다. 아이가 어른에게 하는 말과 어른이 아이에게 하는 말에 억양의 차이가 어느 정도 있기는 하지만 별 차이가 없다. 그러나 우리말에서는 그렇지 않다. 우리말은 높임 표현이 매우 세밀하게 발달한 언어이므로 힘의 역학 관계에 따라 적절한 높임 표현을 써야 자연스러운 대화를 이어갈 수 있다.

• **미괄식 구성**: 소주제문이 맨 뒤에 오는 단락 구성

핵심 내용이 맨 뒤에 오므로 독자의 흥미를 유발하거나 긴장감을 유지할 수 있다. 소설이나 수필 등의 문학 작품에서 많이 쓰인다.

예시 2

사람들은 흔히 언어가 세계를 수동적으로 반영할 뿐이라고 생각한다. 물론 이러한 생각이 전혀 틀린 것은 아니다. 언어와 세계의 관계에서 언어가 세계를 수동적으로 반영하는 측면이 훨씬 더 강하기는 하다. 그러나 반드시 그렇지만은 않다. 우리가 말을 함으로써 다른 사람의 기분을 좋게 할 수도 있고 상처를 줄 수도 있다. 따라서 사람의 정신세계까지 우리 세계의 일부라고 본다면 언어가 세계에 영향을 미치는 측면도 있다고 보는 것이 옳다.

길잡이 1. 문장 간의 연결 강화: 접속사와 지시어

단락 내의 문장들은 소주제문과 뒷받침 문장의 논리적 흐름을 통해 서로 연결된다. 따라서 문장 간의 연결을 위해서는 논리적 흐름에 가장 신경을 써야 한다. 그

러나 논리적 흐름을 강화하기 위해서는 연결 고리 역할을 하는 '그러나', '그리고', '따라서' 등의 접속사나 '이러한', '이와 같이' 등의 지시어도 적절히 사용할 필요가 있다. [예시 2]에서 두 번째 문장의 '이러한', 세 번째 문장의 '그러나', 마지막 문장의 '따라서'가 문장 간의 연결에서 접속사와 지시사가 어떠한 역할을 하는지 잘 보여 준다.

• **양괄식 구성**: 소주제문이 맨 앞과 맨 뒤에 오는 단락 구성

핵심 내용을 맨 앞에 놓고 맨 뒤에 핵심 내용을 다시 제시함으로써 핵심 내용을 정리하거나 강조할 수 있다. 뒷받침 문장이 많아서 논의의 핵심을 잃을 위험이 있을 때 많이 쓰인다. 맨 뒤의 소주제문은 맨 앞의 소주제문과 내용은 같아도 표현 형식은 다르다.

예시 3

순수한 언어라는 것은 없다. 지나친 외래어의 사용은 비판받아야 하겠지만 외래어는 무조건 나쁜 것이니 고유어만을 사용해야 한다고 고집하는 것은 언어 순수주의자들의 아집이거나 무지의 소산이다. 언어는 시대에 따라 변화하기 마련이고 사회의 변화를 반영하기 때문이다. 만약 언어 순수주의자들의 논리를 따른다면, 우리는 모두 과거의 언어 모습을 그대로 유지한 채 살아야 할 것이다. 언어 순수주의자들의 순수한 언어의 강조는 언어 사용의 옳고 그름을 지나치게 따지는 태도에서도 드러난다. 가령, 신세대들의 줄임말 사용은 순수하지 않고 올바르지 못한 것이니 이를 바로잡아야 한다는 것이다. 그러나 신세대들의 줄임말 사용은 특정 계층의 문화를 반영하는 것으로 어느 시대에나 신세대들은 그들만의 언어 사용법이 있어 왔다. 본인들의 과거를 떠올려 보면, 아마 부끄러워 낯을 들기 어려울 것이다. 순수한 언어는 언어가 고정되어 있고 사람에게서 떠나 있을 때나 가능하다. 순수한 언어가 있다면 그것은 아마도 우리 머릿속에나 존재하는 환상에 불과할 것이다.

학술적 글쓰기의 핵심은 논리적 흐름이다. 논리적 흐름은 주장 및 주제에 대한 이유를 제시하고 구체적 사실, 예시, 자료, 전문가의 의견 등을 근거로 하여 필자의 주장을 증명함으로써 만들어진다. 따라서 학술적 글쓰기의 단락은 대개 ①소주제문, ②이유-뒷받침

문장, ③근거-뒷받침 문장이 큰 뼈대를 이루어 전개된다.

◆ 두괄식 구성 단락 전개의 예

• 평면형 단락 전개	• 계층형 단락 전개
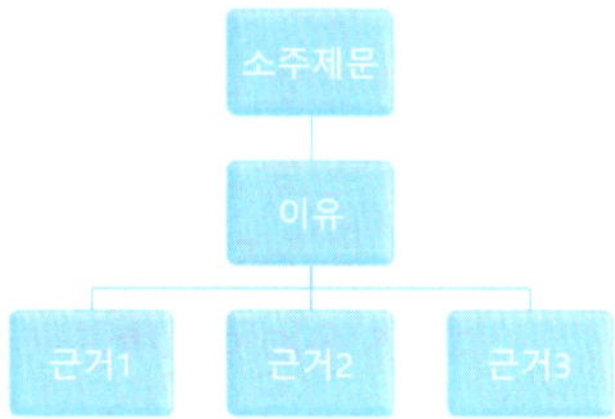	

예시 4

▶ 평면형 단락 전개

데이트 폭력에 대한 잘못된 인식을 만들어 내는 주된 원인 중 하나는 '대중 매체'이다.(소주제문) 현대인들은 드라마나 영화 등의 미디어를 통해 가치관을 형성하는 경우가 많기 때문이다.(이유) 그런데 많은 드라마나 영화에서 범죄가 될 만큼 심각한 데이트 폭력을 사랑으로 포장하고 있다.(근거1-1) 예를 들어, 최근 방영되었던 '함부로 애틋하게'라는 드라마에서 남자 주인공은 사랑이라는 이유로 여자 주인공을 끊임없이 괴롭히지만, 여자 주인공은 이를 사랑이라고 생각한다.(근거1-2) 뿐만 아니라 많은 드라마에서 강제로 끌고 가기, 강제로 스킨십하기 등을 시청자의 '설렘 포인트'로 사용하고 있기도 하다.(근거2) 실제로 어린이들을 대상으로 한 미디어 교육 결과를 살펴보면, 드라마 남자 주인공의 폭력성을 남자의 특성으로 생각하고, 여자가 거기에 맞춰 주는 것이 미덕이라고 생각하는 경우가 많다.(근거3)

예시 5

▶ 계층형 단락 전개

대학생의 주거 문제를 해결하기 위해 대학의 적극적인 노력이 필요하다.(소주제문) 적지 않은 수의 학생들이 집을 떠나 학교를 다녀야 하는 것이 현실이지만 급등하는 하숙 및 자취 비용은 대학생 개인이나 부모의 힘만으로는 감당하기 어렵다.(이유1) 교육부의 조사 결과에 따르면 2011년 전체 대학생 중 집에서 통학하지 않는 학생의 비율은 36.4%에 이르며 이들의 평균 주거 비용은 월 60만 원을 상회하고 있다.(근거1) 그럼에도 불구하고 기숙사는 수요를 감당할 만큼 충분히 건설되지 않았다.(이유2) 같은 조사 결과에 따르면 전국 각 대학의 학생 수요 대비 기숙사 건축률, 즉 수용 규모는 30%를 넘지 못하고 있다.(근거2) 이는 기숙사를 이용할 수 있는 학생과 그렇지 못한 학생 간의 형평성 문제도 야기한다.(이유3) 한 대학 총학생회의 조사 결과, 같은 학교에서 기숙사를 이용하는 학생의 평균 주거 비용은 25만 원인 반면, 그렇지 못한 학생의 평균 주거 비용은 전자의 3배에 가까운 70여만 원에 이르는 것으로 나타났다.(근거3)

연습 문제 1

제시된 문장 중에 하나를 골라 그것을 소주제문으로 하는 하나의 단락을 구성해 보자.

- 사형 제도는 폐지되어야 한다.
- 서울과 지방의 지역 격차는 해소되어야 한다.
- 공공 기관에서 사용하는 언어는 누구나 알 수 있게 쉬워야 한다.
- 원자력 발전소의 건설은 인류의 미래를 위해 중지되어야 한다.
- 소년법의 처벌 규정은 지금보다 더 강화되어야 한다.
- 국가는 여성의 복지와 권익 향상을 위해 노력해야 한다.
- 동성 간의 결혼을 합법화해야 한다.

(2) 단락의 구분

한 단락에는 하나의 중심 생각만을 담고 중심 생각이 바뀌면 단락을 나누는 것이 좋다. 단락의 길이에는 일정한 제한이 없지만 학술적 글쓰기에서는 대개 5~7개의 문장이 한 단락을 이룬다. 단락이 지나치게 길어지면 가독성과 집중력을 떨어뜨리므로 단락의 길이도 단락을 구분할 때 고려해야 할 사항이다.

◆ **단락 구분의 형식**

- 단락의 시작: 들여쓰기
- 단락 나누기: 줄 바꾸기

예시 6

▶ 단락 구분 전

참, 거짓을 판단할 수 있는 문장을 명제라고 한다. 문장이 나타내는 명제가 실제 세계의 사실과 일치하면 참이고 그렇지 않으면 거짓이다. 가령, '사과는 과일이다.'는 실제 세계의 사실과 일치하므로 참인 명제이지만 '새는 무생물이다.'는 실제 세계의 사실과 일치하지 않으므로 거짓인 명제이다. 이와 같이 명제가 지닌 진리치가 무엇인지 밝혀 주는 조건을 진리 조건이라고 한다. 명제 논리의 진리 조건을 간략하게 살펴보면 다음과 같다. 모든 명제는 참이든지 거짓이든지 둘 중 하나여야 하며 참도 아니고 거짓도 아니거나 참이면서 거짓인 경우는 없다. 명제 P가 참이면 그 부정 명제 ~P는 거짓이고 ~P가 참이면 P는 거짓이다. 명제 P와 Q가 AND로 연결되는 $P \wedge Q$는 P와 Q가 모두 참일 때에만 참이다. 명제 P와 Q가 OR로 연결되는 $P \vee Q$는 P와 Q 둘 중 적어도 하나가 참이기만 하면 참이 된다. 명제 P와 Q가 IF ... THEN으로 연결되는 $P \rightarrow Q$는 P가 참이고 Q가 거짓이면 거짓이고 나머지 경우에는 모두 참이 된다. 명제 논리의 세계는 우리의 상식과 완전히 일치하지는 않는다. 우선 명제 논리에서 '모기는 생물이면서 무생물이다.'는 성립하지 않는다. 언뜻 보면 왜 이 문장이 성립하지 않는지 의아할 것이다. 그러나 '모기는 생물이면서 무생물이다.'는 참이면서 거짓이므로 명제 논리에서는 애초부터 성립할 수 없는 것이다. 더 흥미로운 사실은 '파리가 새라면 지구는 둥글다.'가 참이라는 것이다. '파리가 새라면 지구는 둥글다.'는 P와 Q가 IF... THEN

의 연결된 것으로서 P('파리가 새이다.')가 거짓이고 Q('지구는 둥글다.')가 참이므로 참이 된다. 명제 논리에서 P→Q는 P가 참이고 Q가 거짓인 경우를 제외하면 모두 참이기 때문이다.

▶ **단락 구분 후**

∨∨참, 거짓을 판단할 수 있는 문장을 명제라고 한다. 문장이 나타내는 명제가 실제 세계의 사실과 일치하면 참이고 그렇지 않으면 거짓이다. 가령, '사과는 과일이다.'는 실제 세계의 사실과 일치하므로 참인 명제이지만 '새는 무생물이다.'는 실제 세계의 사실과 일치하지 않으므로 거짓인 명제이다. 이와 같이 명제가 지닌 진리치가 무엇인지 밝혀 주는 조건을 진리 조건이라고 한다.

∨∨명제 논리의 진리 조건을 간략하게 살펴보면 다음과 같다. 모든 명제는 참이든지 거짓이든지 둘 중 하나여야 하며 참도 아니고 거짓도 아니거나 참이면서 거짓인 경우는 없다. 명제 P가 참이면 그 부정 명제 ~P는 거짓이고 ~P가 참이면 P는 거짓이다. 명제 P와 Q가 AND로 연결되는 P∧Q는 P와 Q가 모두 참일 때에만 참이다. 명제 P와 Q가 OR로 연결되는 P∨Q는 P와 Q 둘 중 적어도 하나가 참이기만 하면 참이 된다. 명제 P와 Q가 IF ... THEN으로 연결되는 P→Q는 P가 참이고 Q가 거짓이면 거짓이고 나머지 경우에는 모두 참이 된다.

∨∨명제 논리의 세계는 우리의 상식과 완전히 일치하지는 않는다. 우선 명제 논리에서 '모기는 생물이면서 무생물이다.'는 성립하지 않는다. 언뜻 보면 왜 이 문장이 성립하지 않는지 의아할 것이다. 그러나 '모기는 생물이면서 무생물이다.'는 참이면서 거짓이므로 명제 논리에서는 애초부터 성립할 수 없는 것이다. 더 흥미로운 사실은 '파리가 새라면 지구는 둥글다.'가 참이라는 것이다. '파리가 새라면 지구는 둥글다.'는 P와 Q가 IF... THEN의 연결된 것으로서 P('파리가 새이다.')가 거짓이고 Q('지구는 둥글다.')가 참이므로 참이 된다. 명제 논리에서 P→Q는 P가 참이고 Q가 거짓인 경우를 제외하면 모두 참이기 때문이다.

길잡이 2. 단락의 길이 조정

글을 쓰다 보면 단락이 지나치게 길어지는 경우가 생긴다. 이는 소주제의 범위가 넓어 한 단락에서 다루어야 할 내용이 많기 때문이다. 이때는 소주제를 더 나누어 쪼개진 각각의 소주제별로 다시 단락을 구성할 필요가 있다. 아주 구체적인 소주제를 다룸에도 불구하고 단락이 지나치게 길어지면 가독성을 위해 적절한 위치에서 단락을 나눌 필요가 있다. 그리고 하나의 소주제에 대한 단락이 지나치게 짧다면 둘 이상의 소주제를 한 단락으로 묶어 다루어도 좋다. 한편, 글 전체에서 특정 단락이 지나치게 길거나 짧은 것도 문제가 된다. 예컨대, 2,000자 분량의 글을 5단락으로 나누어 쓴다면, 각 단락의 길이는 300~500자 정도가 되게 균형을 맞춰 주는 것이 좋다.

연습 문제 2

제시된 글을 4단락으로 나누어 보자.

언어는 사회에서 한 집단 내의 동질적인 사람들 사이에서만 사용되지는 않는다. 다른 사회 집단의 사람들 사이에서도 언어가 사용되고, 한 집단 내에서도 나이와 지위에 따른 힘의 불균형 관계에 놓인 사람들 사이에서도 언어가 사용된다. 이때 힘의 역학이 언어에 반영된다. 즉, 말을 하는 사람, 말을 듣는 사람, 그리고 말이 기술하는 대상 사이의 힘의 관계에 따라 같은 내용을 표현하는 말의 양식이 달라진다. 이러한 현상은 높임 표현에서 잘 드러난다. 언어마다 높임을 표현하는 방식이 다르다. 그리고 언어에 따라 높임을 나타내는 어휘나 문법적 표현이 별로 발달하지 않은 경우도 있다. 영어가 대표적인 예이다. 아이가 어른에게 하는 말과 어른이 아이에게 하는 말에 억양의 차이가 어느 정도 있기는 하지만 별 차이가 없다. 그러나 우리말에서는 그렇지 않다. 우리말은 높임 표현이 매우 세밀하게 발달한 언어이므로 힘의 역학 관계에 따라 적절한 높임 표현을 써야 자연스러운 대화를 이어갈 수 있다. 앞서 언급한 대로, 힘의 역학은 화자, 청자, 기술 대상의 관계이다. 우선, 화자와 청자의 관계에 따라 적절한 높임 표현이 사용될 것이 요구된다. 화자가 청자보다 나이나 지위가 높다면 반말을 사용하지만 그 반대라면 높임 표현을 사용해야 한다. 화자와 청자의 역학 관계가 불분명한 공적인 대화 상황에서는 일반적으로 높임 표현을 사용한다. 그러나 높임 표현을 사용하다가도 힘의 역학 관계가 밝혀지면 갑자기 표현 방식이 바뀔 수 있다. 잘 모르는 사이라서 높임 표현을 사용했지만 동창임이 밝혀지는 순간 말을 놓는 것이 예가 될 것이다. 화자와 청자의 관계뿐만 아니라 화자와 기술 대상 간의 관계도 높임 표현에 반영된다. 가령, 어떤 사람이 자기 아버지에 대해 말을 할 때에는 "아버지께서 키가 크십니다."와 같이 말할 것이고 자기 아들에 대해 말을 할 때에는 "아들이 키가 큽니다."와 같이 말할 것이다. 이처럼 문장에서 주어로 기술된 대상을 높이는 것을 주체 높임이라고 한다. 기술 대상을 높이는 것에는 문장의 목적어나 부사어로 나타나는 대상을 높이는 객체 높임도 있다. "아버지는 할머니께 선물을 드렸다."와 같은 문장에서 '께'를 쓰는 것은 부사어로 기술된 대상인 할머니를 높이기 위함이다.

3.2. 단락의 배열

사고와 감정을 표현하는 최소 단위는 문장이며, 문장들의 논리적이고 체계적인 연결을 통해 하나의 생각을 나타내는 것은 단락이다. 따라서 단락은 글의 최소 단위이므로 단락이 모여 글의 전체 구조를 형성하고, 단락의 배열은 글의 전체 흐름을 결정한다.

단락의 배열도 단락을 전개해 나가는 것과 마찬가지로 논리적 흐름을 고려해야 한다. 즉, 글 전체를 놓고 볼 때 각 단락의 중심 생각들이 '주제-이유 및 근거'의 형식으로 연결되어야 한다. 이러한 논리적 흐름대로 단락을 배열한다면 자연스레 일관성과 통일성을 갖춘 글이 완성된다.

(1) 서론, 본론, 결론

글은 기본적으로 서론, 본론, 결론 세 부분으로 구성된다. 즉 한 편의 글을 쓴다면 서론, 본론, 결론을 각 단락으로 나누어 적어도 3단락 이상은 있어야 한다. 서론은 글의 시작이므로 글의 전체 주제가 제시되는 부분이고 본론은 전체 주제에 대해 본격적 논의가 이루어지는 부분이다. 즉, 서론과 본론은 '주제-이유 및 근거'의 형식으로 연결된다. 결론은 글의 마무리 부분으로 글 전체 내용의 요약 및 정리가 이루어진다.

길잡이 3. 서론의 역할

서론은 글의 시작 부분이므로 독자로 하여금 글을 읽고 싶게 만들어야 한다. 그래서 우리는 서론을 쓸 때 독자들의 시선을 끌 방법을 늘 고민한다. 이러한 고민이 서론 쓰기를 어렵게 만든다. 그러나 서론의 역할을 분명히 안다면 서론 쓰기가 그렇게 어렵지만은 않다. 서론은 글 전체의 주제를 제시하는 역할을 하므로 우선 글 전체의 주제를 분명히 드러내야 하며 '어떻게 쓰지?'를 고민하기보다 '독자들이 이 글을 왜 읽어야 하지?'를 고민할 필요가 있다. 독자들로 하여금 글을 읽고 싶게 만드는 것은 논의의 타당성과 필요성이기 때문이다. 특히, 특별한 글쓰기의 기교를 요구하지 않는 학술적 글쓰기에서는 주제와 논의의 필요성만 잘 드러내어도 훌륭한 서론이 될 수 있다.

길잡이 4. 결론의 역할

결론의 역할은 서론에서 제시된 글의 전체 주제를 다시 환기하고 본론의 내용을 요약하여 글을 마무리하고 끝맺는 것이다. 즉, '주제 환기+본론의 요약'의 구조가 기본이다. 이러한 기본에 덧붙여 '자신의 논의가 가지는 의의 재강조', '남아 있는 문제', '간략한 제언' 등을 더 쓸 수 있다. 대학생들이 글쓰기를 처음 시작할 때 가장 많이 하는 실수 중 하나가 본론에 제시되어야 할 논의의 결과를 '결론'에 쓰는 것이다. 전체 주제에 해당하는 최종 결론이나 주장은 본론에 제시해야 한다.

(2) 5단락 글쓰기

5단락 글쓰기는 '서론-본론-결론'을 '서론-본론1-본론2-본론3-결론'의 5단락 구조로 전개하는 가장 기본적 글쓰기의 형식이다. 세 단락으로 구성된 본론이 가장 기본적 글쓰기 형식인 이유는 주제에 대한 뒷받침 논거가 적어도 세 개는 되어야 글의 설득력을 갖출 수 있기 때문이다.

◆ 5단락 글쓰기의 단락 배열

1단락-서론	주제 제시 + 논의의 필요성 및 타당성 제시
2단락-본론1	주제에 대한 뒷받침1
3단락-본론2	주제에 대한 뒷받침2
4단락-본론3	주제에 대한 뒷받침3
5단락-결론	주제 환기 + 본론의 요약 + (의의, 남은 문제, 제언 등)

◆ 5단락 글쓰기의 단락 뜯어보기

예시 7

올해 국정감사에서 가장 뜨거운 이슈는 의료 영리화 시행 여부였다. 의료 영리화란, 병원들이 부대시설이나 의료 관련 사업으로 자회사(子會社)를 세워 이로부터 이윤을 얻는 것을 말한다. 지난 9월부터 부분적으로 실시된 원격 의료 사업과 보건복지부의 부대사업 허용 및 확대 관련 의료법 시행 규칙 공포는 의료 영리화와 관련하여 국민과 야당의 거센 반발을 불러일으켰다. 그럼에도 현 정부는 규제 완화 정책의 일환으로 의료 영리화를 허용하는 정책을 추진 중에 있다. ㉮그러나 정부는 이에 앞서 다양한 문제점들을 고려하여 대책 방안부터 마련할 필요가 있다.

㉯의료 영리화 정책으로는 중소 병원의 근본적인 경영난을 해결할 수 없다. 의료 영리화 정책이 자회사 설립을 허가하여 중소 병원의 경영난을 해소하자는 취지에서 나온 것은 맞다. 그러나 통계자료에 따르면 실제로 약 43%의 중소 병원은 자회사를 설립할 여건이 되지 않는 상황이다. 또한 대형 병원들은 이미 부대사업 운영에 대한 경험이 풍부하게 축적되어 있다. 투자자들은 당연히 위험성이 높은 중소 병원보다는 사업 운영 경험이 풍부한 대형 병원에 투자하려고 할 것이다. 물론 정부는 의료 영리화 정책의 혜택을 받는 대형 병원은 단 2개뿐이므로 대형 병원으로의 투자가 집중되는 것을 우려할 필요가 없다고 주장한다. 하지만 이미 의료사업을 장악하고 있는 대형 병원을 중소 병원이 자회사를 설립하여 상대할 수 있다고 설명하는 것은 지나친 논리의 비약이다.

㉰의료 영리화 정책은 의료 서비스의 공공성을 훼손할 수 있다. 영리 자회사 설립을 통해 병원이 수익 창출에만 몰두하여 이윤을 추구하다 보면, 결국 의료보험 영역 외의 진료가 증가하게 된다. 그렇게 되면 공공보험의 보장률이 저하되고 환자가 실질적으로 부담해야 하는 진료 금액은 상승한다. 이에 대해서도 정부는 의료 영리화가 되면 의료 서비스의 질이 향상될 것이므로 의료비가 상승하는 문제를 상쇄할 수 있다고 주장하고 있다. 의료 영리화가 되면 의료 서비스의 질이 향상되는 것은 부정할 수 없지만 국민의 의료복지체계를 무너뜨리는 의료 양극화의 문제가 발생할 것이다. 즉 돈이 많은 상류 계층만이 의료 혜택을 누리고 돈이 없는 취약 계층은 의료혜택을 누릴 수 없게 된다.

㉱-1그렇다면 이러한 문제들을 어떻게 해결할 것인가. 답은 적절한 규제 방안을 마련하는 것에 있다. 예를 들면, 자회사를 설립할 때 허가 기준을 명확히 하여 대형 병원의 무분별한 자회사 설립을 막고 중소 병원의 자회사 설립을 지원해야 한다. 또

한 법적 제재 방안을 마련하여 과도한 수익 추구 행위를 하는 자회사에 대해 법적 효력이 있는 처벌이 가능하도록 해야 한다. 더불어 보건복지부에서 마련한 심사평가원의 전문성을 높여 병원의 과도한 수익 추구를 막고 의료비 상승을 최소화 하는 것이 필요하다. 이렇게 의료 영리 행위에 대한 적절한 규제 방안을 마련하는 것에 이어 ㉣-2중소 병원의 경영난을 근본적으로 해결할 수 있는 방법도 생각해야 한다. 예를 들어 불임클리닉과 척추질환병원처럼 중소 병원의 전문화를 위해, 중소 병원에게 지원금과 보조금을 지급하는 것도 하나의 방법이 될 수 있다. 그러나 국가 예산을 고려하여 중소 병원의 역량을 평가한 뒤 지원 대상을 명확히 하는 과정이 선행되어야 할 것이다.

㉤의료 혜택과 같은 국민의 복지와 직결되는 정책은 장기적으로 심사숙고한 뒤 시행되어야 한다. 현재 의료 영리화 정책은 적절한 규제 방안을 생각하지 않은 무분별한 정책 추진으로 국민들의 원성을 사고 있다. 그러므로 의료 영리화 정책의 추진에 앞서 발생할 수 있는 문제들에 대한 규제 방안을 확실히 마련해 두어야 하며, 국민의 뜻을 정책에 반영할 수 있도록 끝없이 고민해야 할 필요가 있다.

학생 글

• 단락의 배열로 본 글의 전체 구성 및 전개

1단락-서론	주제 제시 - 의료 영리화에 앞서 문제점을 고려하여 대책 방안부터 마련해야 한다.
2단락-본론1	뒷받침1 - 의료 영리화는 중소 병원의 근본적인 경영난을 해결할 수 없다.
3단락-본론2	뒷받침2 - 의료 영리화는 의료 서비스의 공공성을 훼손할 수 있다.
4단락-본론3	뒷받침3 - 의료 영리 행위의 규제책과 중소 병원 경영난의 해결책을 마련해야 한다.
5단락-결론	주제 환기 - 국민 복지와 직결되는 의료 영리화는 심사숙고 후 시행되어야 한다.

• 주제문으로 본 각 단락의 구성 및 전개

<table>
<tr><td rowspan="3">1단락-미괄식</td><td>뒷받침</td><td>소주제</td></tr>
<tr><td>논의의 필요성</td><td>전체 주제</td></tr>
<tr><td>- 의료 영리화에 대한 국민의 반대
- 그럼에도 의료 영리화 추진</td><td>- 의료 영리화의 문제점 파악(㉮)
- 대책 마련 필요(㉮)</td></tr>
<tr><td rowspan="3">2단락-두괄식</td><td>소주제</td><td>뒷받침</td></tr>
<tr><td colspan="2">전체 주제에 대한 뒷받침1: 문제점 파악1</td></tr>
<tr><td>- 중소 병원의 경영난 해결 불가(㉯)</td><td>- 통계 자료 근거 제시
- 대형 병원으로의 투자 집중 위험</td></tr>
<tr><td rowspan="3">3단락-두괄식</td><td>소주제</td><td>뒷받침</td></tr>
<tr><td colspan="2">전체 주제에 대한 뒷받침2: 문제점 파악2</td></tr>
<tr><td>- 의료 서비스의 공공성 훼손(㉰)</td><td>- 이윤 추구에 따른 의료비 상승
- 의료비 상승에 따른 의료 양극화</td></tr>
<tr><td rowspan="3">4단락-두괄식</td><td>소주제</td><td>뒷받침</td></tr>
<tr><td colspan="2">전체 주제에 대한 뒷받침3: 대책 마련</td></tr>
<tr><td>- 적절한 규제 방안 마련(㉱-1)
- 중소 병원 경영난 해결책 마련(㉱-2)</td><td>- 허가 기준 마련
- 중소 병원 자회사 설립 지원
- 법적 효력이 있는 처벌
- 심사 평가의 전문성 강화
- 중소 병원 지원금 및 보조금 지급</td></tr>
<tr><td rowspan="3">5단락-두괄식</td><td>소주제</td><td>뒷받침</td></tr>
<tr><td>전체 주제 환기</td><td>본론의 요약 + 주제 재강조</td></tr>
<tr><td>- 의료 영리화는 심사숙고 필요(㉲)</td><td>- 본론 요약
- 국민의 뜻 반영 필요</td></tr>
</table>

길잡이 5. 단락 간의 연결 강화: 연결 고리 문장

단락 내의 문장 간 연결과 마찬가지로 단락 간의 연결도 논리적 흐름을 통해 이루어진다. 따라서 단락 간의 연결을 위해서는 논리적 흐름에 가장 신경을 써야 한다. 그러나 단락 간의 논리적 흐름을 강화하기 위해서는 연결 고리 문장을 적절히 사용할 필요가 있다. [예시 7]에서 1단락의 소주제문은 의료 영리화의 문제를 제시하는 2단락과 3단락의 연결 고리 역할을 하고 4단락의 첫 번째 문장은 2단락과 3단락의 연결 고리 역할을 하여 네 단락의 연결을 더욱 긴밀하게 만들어 준다.

길잡이 6. 글의 기본 구성: 5단락 글쓰기

글의 기본적 구성은 5단락이다. 따라서 5단락 글쓰기에서 익힌 글의 구성은 긴 글에서도 유지되고 확장된다. 가령, A4 10쪽 분량의 보고서를 쓴다고 가정해 보자. 전체 보고서는 대략 '서론(1쪽)-본론1(2~3쪽)-본론2(2~3쪽)-본론3(2~3쪽)-결론(1쪽)' 정도의 구성을 띨 것이다. 이러한 전체 구성은 글의 분량에만 차이를 보일 뿐, 5단락 글쓰기 구성과 동일하다. 그렇다면 1쪽에 해당하는 서론은 어떠할까? 보고서 전체에서 '서론'의 역할을 하지만 이 또한 5단락 글쓰기 구성을 적용해 다시 4~5단락으로 나누어 구성할 수 있다. 이는 '본론'과 '결론'에서도 동일하다.

연습 문제 3

단락 배열을 중심으로 글의 전체 구성 및 전개를 분석해 보고 주제문을 중심으로 각 단락의 구성 및 전개를 분석해 보자.

자유학기제는 중학교 학생들이 한 학기 동안 시험을 치르지 않고 토론이나 실습, 직장 체험 활동과 같은 진로 교육을 받게 하는 제도이다. 이는 학생들을 위해, 더 나아가 한국의 미래를 위해 만들어진 제도임은 틀림없다. 입시와 경쟁 위주의 교육을 받아 온 학생들에게 새로운 교육을 제공해 줄 것이기 때문이다. 하지만 자유학기제가 과연 진정 학생들을 위한 것이며 근본적으로 실행 가능한 것일까? 자유학기제는 여러 이유로 인해 실효성이 없을 것으로 보인다.

첫째는 한국의 교육열이다. 자유학기제 실시는 학력 저하와 이로 인한 사교육의 증가로 이어질 우려가 있다. 최근 초등학교에서 국가 수준의 학업성취도 평가가 폐지됨에 따라 시험이 없는 자유학기제는 학습 동기를 약화해 학생들의 학력이 전반적으로 낮아질 가능성이 크다. 학력 저하를 막기 위해 교과 내용의 난이도를 낮출 수 있겠지만 이는 현실적으로 불가능하다. 무엇보다 학력 저하에 대한 불안감은 학생들을 사교육 시장으로 몰 가능성이 크다. 5년 전, 영어 교육 불평등의 최소화를 위해 만들어진 영어 공교육 강화 방안도 결국에는 영어 사교육 시장을 출렁이게 하였다.

둘째는 진로 교육의 실효성이다. 현실적으로 생각해 보면, 대학에서도 쉽지 않은 토론과 실습, 체험 활동이 중학교에서 가능하다는 것은 환상에 가깝다. 과연 한 학기 동안 얼마나 많은 학생들이 자신의 끼를 발견하고 꿈을 찾아 진로를 결정할 수 있을까? 수시 입시 제도가 생겨나면서 고등학생들도 진로 교육을 받고 있지만 실제로는 대학 입시에 맞춰 진로를 결정하는 것이 현실이다. 사실상 인생의 큰 부분을 차지하는 진로를 한 학기, 그것도 중학교에서 찾으려는 것은 너무나 이상적이다.

마지막으로는 인프라 구축 미비이다. 우선, 물적 인프라 측면에서 진로 체험 장소 부족 문제를 들 수 있다. 시범 시험 단계에서도 진로 체험 장소 부족 문제가 제기되었다. 그렇다면 2016년부터 자유학기제가 전면 실시되면 학생들이 다양한 체험 활동을 할 수 있는 공간은 더욱 부족해질 것이다. 인적 인프라도 매우 부족하다. 우리의 자유학기제와 유사한 아일랜드의 전환학기제를 살펴보면, 인적 인프라의 미비가 잘 드러난다. 진로 관련 수업 프로그램을 꾸리는 전담 코디네이터를 학교마다 배치하는 아일랜드와 달리, 우리나라는 교사들이 본 업무와 함께 진로 교육 업무까지 담당하게 된다. 이와 같이 교사 자원의 부족은 자연스레 진로 교육의 질 하락으로 연결된다.

자유학기제가 잘 시행된다면 청소년들을 사회의 창의 인재로 양성하고 공교육을 내실화하는 데 기여할 수 있을 것이다. 하지만 제대로 준비를 하지 못한 채 자유학기제를 도입하는 것은 걱정을 낳을 수밖에 없다. 학생과 교사의 만족도가 높은 아일랜드의 전환학기제의 경우, 인프라 구축에만 40년이 걸렸다. 그런데 3년 시범 시행을 통해 실시되는 우리나라의 자유학기제가 과연 효과적으로 운영될 수 있을지가 의문이다.

학습 활동

1. 다음 칼럼('능력주의'의 치명적 단점)을 2,000자 분량의 5단락 글쓰기로 요약해 보자.

2. 교수자의 도움을 받아 짧은 학술 논문 한편을 선택하여 해당 논문에서 5단락 글쓰기의 구성이 어떻게 유지되고 확장되는지 분석해 보자. 큰 범위의 구성을 먼저 분석하고 점점 더 작은 범위의 구성을 분석하는 방식을 취하는 것이 좋다.

4. 글쓰기 윤리와 인용법

이 장에서는 학문적 윤리의 가장 기본이 되는 글쓰기 윤리에 대해서 알아보고 글쓰기 윤리를 지키기 위해 필수적으로 요구되는 바른 인용법에 대해 알아본다.

4.1. 글쓰기와 학문적 윤리

학문적 윤리란, 타인의 지식을 공유하고 교류하여 새로운 지식을 창출하는 학문적 활동의 과정에서 지켜야 할 '정직성'과 '공정성'을 말한다. 대학에서 학문적 활동은 기본적으로 글쓰기를 통해 이루어지고 완성된다. 따라서 글쓰기 윤리는 학문적 윤리 중에서도 가장 기본이 된다.

글쓰기 윤리는 자신의 연구 결과가 갖는 우수성과 신뢰성을 증명하기 위해서도 반드시 지켜야 한다. 학문적 결과물은 모두 기존 연구를 바탕으로 만들어진다. 그러므로 글쓰기를 윤리를 지켜 타인의 연구 결과를 정직하게 제시하고 공정하게 비교하는 것은 자신의 연구 결과를 제대로 평가받을 수 있는 기본적 토대를 마련하는 것이다.

(1) 대학생들이 지켜야 할 학문적 윤리

대학생들이 학문적 윤리를 지키지 못하는 이유는 좋은 결과를 쉽게 얻기 위한 욕심 때문이기도 하지만 대개는 자신의 행위가 학문적 윤리 위반에 해당하는지 잘 모르기 때문이다. 학생들이 대수롭지 않게 생각하는 행위도 실제로 학문적 윤리 위반에 해당하는 경우가 많다.

◆ **대학생들의 학문적 윤리 위반 대표 사례**

- 대리 출석, 출석 인정 후 무단 조퇴
- 커닝, 과제(보고서) 베끼기
- 보고서 사고팔기
- 조별 활동에서의 무임승차
- 과제(보고서) 중복 제출

길잡이 1. 과제(보고서) 중복 제출: 자기 표절

대리 출석, 커닝, 과제(보고서) 베끼기, 보고서 사고팔기, 무임승차는 문제의 심각성을 인식하는 정도는 다르지만 대부분의 학생들이 부정행위임을 알고 있다. 그러나 동일한 과제(보고서)를 여러 과목에 제출하는 것이 왜 문제가 되는지는 잘 모른다. 과제(보고서) 중복 제출은 자신의 글을 의도적으로 재사용하는 '자기 표절'에 해당한다. 이것이 문제가 되는 것은, 쉽게 말해서 하나의 과제(보고서)를 통해 둘 이상의 과목에서 성적을 인정받는 것이 되기 때문이다.

(2) 글쓰기 윤리 위반의 대표적 사례: 표절

표절(剽竊, plagiarism)이란, 타인의 생각, 아이디어, 자료 등을 훔쳐서 사용하는 것을 말한다. 쉽게 말해서, 자기 것이 아닌 것을 자기 것처럼 사용하는 것은 모두 표절이 된다. 타인의 글이나 자료를 출처를 밝히지 않고 쓰는 것뿐만 아니라 출처를 밝혔더라도 글의 내용 대부분을 타인의 글로 짜깁기한 것도 표절의 범위에 들어간다.

인용법이나 참고 문헌 정리 방법을 제대로 지키지 않으면 의도적이지 않더라도 결과적으로 표절이 된다. 특히 대학생 수준에서는 인용법이나 참고 문헌 정리 방법만 잘 지켜도

표절을 쉽게 피할 수 있는데 이에 대한 훈련이 부족하여 의도하지 않았지만 억울하게 표절이 되어 버리는 경우가 많다.

◆ 표절의 유형 및 범위

- 널리 알려진 보편적 사실이 아닌 지식, 자료, 정보 등을 출처를 밝히지 않고 쓰는 경우
- 타인의 글을 수정하거나 표현을 바꾸어 자신의 것처럼 쓰는 경우
- 타인의 주요 아이디어나 개념 등을 자신의 것처럼 쓰는 경우
- 출처를 밝히지 않고 다른 글의 구조나 구성 전략을 쓰는 경우

길잡이 2. 표절을 피하는 방법

1. 자신이 실제로 아는 것보다 더 잘 아는 것처럼 꾸미지 않는다.
2. 마감 직전에 급하게 과제를 하거나 보고서를 쓰지 않는다.
3. 인용할 내용은 가급적 자신의 말로 요약하여 메모한다.
4. 인용할 내용을 발견하면 자료의 출처를 정확하게 기록한다.
5. 재인용을 가급적 피하고 반드시 원자료를 찾아서 확인하여 활용한다.
6. 다른 사람 연구에 의존했다면 반드시 출처를 밝혀 준다.

길잡이 3. 기존 논문과의 유사도 확인

한국학술지인용색인(KCI) 논문 유사도 검사 서비스(https://check.kci.go.kr/)를 활용하면 자신의 글과 기존 논문의 유사도를 확인할 수 있다. 교수자들은 학생들이 과제를 제출하는 이러닝 시스템에서 이와 유사하게 기존 논문 혹은 기존 과제와의 유사도를 확인할 수 있다. 따라서 학생들은 교수자들이 모를 것이라고 생각하고 적당히 속이려는 마음을 먹지 않는 것이 좋을 것이다.

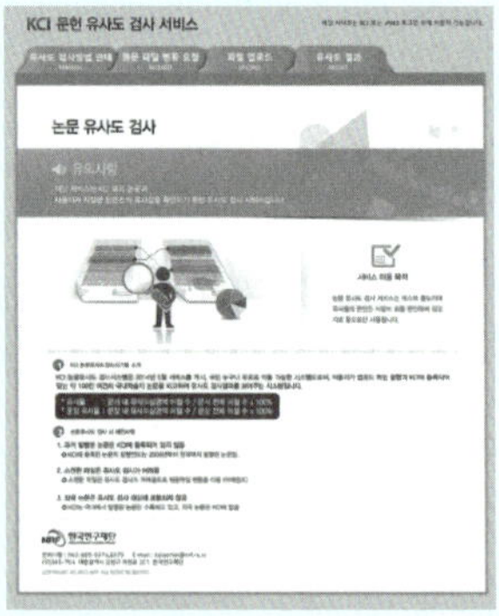

4.2. 인용법과 참고 문헌 정리

(1) 인용의 유형

인용(引用, citation)이란, 타인의 글이나 자료를 자신의 글에 끌어와서 사용하는 것을 말한다. 인용에는 '직접 인용', '간접 인용', '재인용'이 있다. 학술적 글쓰기에서는 자신의 말로 바꿔서 인용하는 '간접 인용'이 가장 기본적이고 어떠한 인용이든 인용이 끝나면 반드시 출처를 밝혀야 한다.

인용법을 잘 지켰다고 하더라도 글의 내용 대부분이 인용한 내용으로만 채워지면 이 또한 표절에 해당한다. 인용이 많다고 해서 좋은 글이 되는 것은 아니다. 인용은 어디까지나 자신의 글에서 필요할 때에 목적에 맞게 해야 하고 글의 내용을 풍성하게 하거나 생각을 뒷받침하는 도구일 뿐이다.

인용법은 학문에 따라서 그 양식이 다르다. 또 같은 학문 분야라도 학회마다 그 규정이 다르다. 따라서 자신이 속한 학문 공동체에서 주로 사용하는 양식을 알아보고 그 양식에 따라 인용하는 법을 연습해야 하고, 논문을 게재할 때에는 그 기관의 작성 규정을 꼼꼼하게 살펴서 논문을 작성해야 한다.

길잡이 4. 인용의 원칙

1. 꼭 필요한 경우에만 한다.
2. 인용의 형식을 지키고 출처를 정확하게 밝힌다.
3. 인용된 내용과 자신의 내용이 구분되도록 한다.
4. 간접 인용을 한다면 타인의 글을 모방하지 말고 자신의 말과 표현을 쓴다.
5. 글의 논리나 맥락과의 관련성이 분명히 드러나도록 인용한다.
6. 공식적으로 검증되거나 권위 있는 자료를 인용한다.

◆ 인용의 유형

1) **직접 인용**: 타인의 글을 원문 그대로 인용하는 것이다. 원문을 다른 표현으로 바꾸면 원래의 의미가 훼손되거나 원문을 그대로 제시하여 분석해야 하는 경우에만 활용한다.

- 문장, 어구, 개념: 큰따옴표(“ ”)를 이용하여 표시
- 단락: 아래, 위로 한 줄 여백을 주고 양 옆을 들여 써서 표시

▶ 문장을 직접 인용하는 경우

① 김민국(2013: 116)은 “문장에서 ‘주어’는 다양한 측면에서 정의될 수 있다.”라고 논의하였다.

② “문장에서 ‘주어’는 다양한 측면에서 정의될 수 있다.”(김민국 2013: 116)

▶ 어구나 개념을 직접 인용하는 경우

① 김민국(2013: 112)은 문장 성분의 기능과 격이 일치하는 주어를 “특이격 주어”라고 하였다.

② 문장 성분의 기능과 격이 일치하지 않는 주어를 “특이격 주어”라고도 한다(김민국 2013: 112).

▶ 단락을 직접 인용하는 경우

① 유현경(2005: 187)에서는 이와 같은 현상을 달리 해석하였다. 문제가 되는 논의의 한 대목을 보이면 아래와 같다.

> 그러나 수량사 통제는 모든 ‘주어’, ‘목적어’에서 가능한 것은 아니고 조사 ‘이/가’나 ‘을/를’과 같이 문법격(또는 구조격) 조사가 결합한 주어나 목적어에서만 가능하다.

② 이와 같은 현상은 달리 해석될 여지가 있다. 이는 유현경(2005)에서 잘 드러나는데 오해의 여지를 없애기 위해 그 논의의 일부를 보이기로 한다.

> 그러나 수량사 통제는 모든 ‘주어’, ‘목적어’에서 가능한 것은 아니고 조사 ‘이/가’나 ‘을/를’과 같이 문법격(또는 구조격) 조사가 결합한 주어나 목적어에서만 가능하다(유현경 2005: 187).

2) **간접 인용:** 타인의 글을 자신이 이해한 내용으로 바꿔 인용하는 것이다. 즉 간접 인용은 원문을 자신이 '해석해서' 인용하는 방법이다. 학술적인 글쓰기에서 가장 기본적인 인용 방식으로 특별한 경우가 아니라면 간접 인용을 하도록 한다. 간접 인용에는 '선행 연구 언급하기'와 '바꿔 쓰기' 등의 방식이 있다. 자신의 말로 바꾸어 인용하는 것이므로 원래 의미를 왜곡하거나 훼손하지 않도록 유의해야 한다.

▶ **선행 연구 언급하기**

① '이/가'와 '을/를'은 세로초점보다 가로초점과 더 긴밀한 관련성을 지닌다. 그러나 이들이 가로초점 표지이냐에 대해서도 논란이 있다. Oh(2007), Jun(2015), 임동훈(2012, 2015), 김민국(2016) 등은 '이/가'와 '을/를'을 가로초점 표지임을 대체로 인정하는 견해이고 Choi(1999), Kim(2013), 박철우(2015) 등은 그렇지 않은 견해이다(최윤지, 2019, 2020).

김민국(2021), 「한국어 정보구조의 초점」, 『한국어학』 91, 한국어학회, 17.

② 취학 전 아동을 대상으로 원예활동의 정서 안정, 스트레스 완화 효과를 검증한 국내 논문들은 원예활동이 아동의 정서불안과 스트레스를 감소시키고, 사회성 증가, 자신감 고취와 같은 긍정적인 효과를 나타낸 것으로 보고하였다(Choi, 1999; Lee, 2005; Park, 2001).

박성현, 허무룡(2010), 「취학 전 아동의 정서지능과 일상 스트레스에 미치는 원예 프로그램의 효과」, 『원예과학기술지』 28-1, 학국원예학회, 145.

▶ **바꿔 쓰기**

① 이러한 논란 가운데 최근 ㉮최윤지(2020)에서는 ㉯'표지' 개념에 대한 고찰, 대립되는 두 견해에 대한 비판적 검토, 말뭉치 자료의 관찰 결과, 비초점의 예에서 격표지가 필수적으로 실현되어야 하는 현상 등을 바탕으로 '이/가'와 '을/를'을 가로초점 표지로 부르는 것은 적절하지 않다고 주장하였다.

㉮: 출처를 표시한 부분 **㉯: 원문의 논리적 순서를 유지하면서 내용을 자신의 말로 옮겨 쓴 부분**

② 사실, ㉮최윤지(2020)은 ㉯'이/가'와 '을/를'을 가로초점 표지인가를 따지기보다는 이들이 초점과 어떠한 상관관계를 지니는지를 자세히 기술하는 것이

더 필요함을 지적한 논의로서, ㉰'이/가'와 '을/를'을 가로초점 표지로 보기 위해서 유의해야 할 사항들을 세밀하게 살폈다는 점에 더 주목할 필요가 있다. ㉱따라서 최윤지(2020)에서 제기한 문제를 중심으로 '이/가'와 '을/를'이 가로초점 표지인가를 따져 보기로 한다.

㉮: 출처를 표시한 부분　㉯: 원문의 내용을 자신의 말로 옮겨 쓴 부분
㉰: 원문을 이해, 평가한 부분　㉱: 원문을 인용한 이유를 밝힌 부분

김민국(2021), 「한국어 정보구조의 초점」, 『한국어학』 91, 학국어학회, 17-18.

- '바꿔 쓰기'는 인용 원문의 핵심 내용을 짧게 요약하거나 참고 자료의 논리적 순서를 유지하면서 내용을 자신의 말로 의역하여 옮겨오는 것을 말한다. 인용하려는 내용을 자기 글의 맥락 안에 적절하게 배치하는 작업이므로 '재맥락화'라고도 할 수 있다.
- '바꿔 쓰기'를 할 때는 원문의 표현이나 글의 구조, 전개를 그대로 써서는 안 된다. 자신의 말로 인용을 하면서 원문의 뜻을 왜곡하지 않도록 주의해야 한다.

3) **재인용:** 타인의 글에서 인용된 것을 다시 인용하는 것이다. 재인용은 인용하려는 원문을 찾기 힘들거나 필자의 능력으로는 이해하기 어려운 경우에만 활용한다. 재인용은 가급적 피하고 원자료를 직접 찾아 읽고 인용을 하는 것이 좋다. 부득이하게 재인용을 한 경우에는 반드시 '재인용'이라고 표시한다.

▶ 재인용

① Li & Thompson(1976: 13)은 한국어를 주어 부각형 언어이자 주제 부각형 언어로 보고 있고 영어를 전형적인 주어 부각형 언어로 보고 있다(김민국 2021: 117에서 재인용).

② 한국어는 주어 부각형 언어이자 주제 부각형 언어이지만 영어는 전형적인 주어 부각형 언어이다(Li & Thompson 1976: 13; 김민국 2021: 117에서 재인용).

길잡이 5. 간접 인용에서 자주 사용하는 표현

1. 선행 연구 간단하게 언급하기

- ~에 대한 논의는 박용식(2020), 김민국(2021) 등이 있다.
- ~에 대해 문제를 제기한 논의로 박용식(2020), 김민국(2021)을 꼽을 수 있다.
- ~와/과 관련해서는 박용식(2020: 15)을 참고할 수 있다.

2. '바꿔 쓰기'를 할 때 유용한 표현

- 박용식(2020: 15)에서는 ~을/를 ~(이)라고 하였다/언급하였다/주장하였다.
- 김민국(2021: 23)에 따르면/의하면 ~(이)라고 말하고 있다/~(으)로 설명한다.
- 박용식(2020), 김민국(2021)에서는 ~을/를 ~(으)로 보았다/간주한다.

3. 필자의 이해와 평가를 쓸 때 유용한 표현

- ~ 등의 논의는 그 가치가 크다고 할 수 있다.
- ~ 등의 논의는 ~라는 점에서 그 의의가 있다.
- ~ 등의 논의는 ~라는 점에서 아쉬움이 남는다.
- ~ 등의 논의는 ~라는 점에서 논란의 여지가 있다.

(2) 주석의 유형

인용을 했다면 반드시 출처를 밝혀야 한다. 학술적인 글에서 출처를 밝히기 위해서 '주석'을 사용한다. 주석은 위치에 따라 본문 안에 배치되는 '내주'와 본문 밖에 들어가는 '외주'로 나눌 수 있고 외주는 다시 본문 밖에서의 위치에 따라 '각주'와 '미주'로 나뉜다.

◆ 주석의 유형

1) 내주

본문 안에 들어가는 주석을 '내주'라고 한다. 아래의 내주 형식은 APA 양식을 기초로 하여 한국에서 통용되는 여러 방식 중 하나를 제시한 것이다. APA 양식은 미국심리학회에서 제안한 인용 및 참고 문헌 제시 방식으로 사회과학, 교육학 등의 분야에서 널리 사용된다.

- 본문의 ( )에 해당 글의 저자, 출판 연도, 인용 면수를 간단히 표시하고 나머지 서지 정보는 참고 문헌 목록으로 제시한다.
- 저자 이름(출판 연도: 인용 면수), 저자 이름(출판 연도)의 형식으로 쓴다.
- 저자의 이름을 알파벳으로 표기할 경우 'Kang(2022), (Kang, 2022)' 등과 같이 흔히 이름은 생략하고 성만 제시한다.
- 같은 해에 나온 논저를 두 편 이상 인용할 경우 '김인용(2021a), 김인용(2021b)' 등과 같이 구분해서 표시한다.

▶ **위치에 따른 '내주' 표시 형식**

① **문장 시작 부분에 내주 달기: 저자명(연도: 페이지) / 저자명(연도)**

예) 김민국(2021: 17)에 따르면, 주어는 세 가지 유형으로 나뉠 수 있다.

예) 김민국(2021)에서는 주어를 세 가지 유형으로 나누어 살펴보았다.

② **문장의 중간 부분에 내주 달기: 저자명(연도)**

예) 주어를 세 가지 유형으로 나누는 논의로는 김민국(2021), 강현주(2022), 강민정(2023) 등을 들 수 있다.

③ **문장의 끝 부분에 내주 달기: (저자명 연도: 페이지)**

예) 주어는 의미론적 주어, 통사론적 주어, 화용론적 주어의 세 가지 유형으로 나뉜다(김민국 2021: 17).

2) 외주

외주는 본분 밖에 다는 주석을 말한다. 본문 하단에 위치하는 '각주'와 본문 맨 마지막에 위치하는 '미주'로 나뉜다. 아래의 외주 형식은 Chicago 양식을 기초로 한 방식을 제시한 것이다. Chicago 양식은 시카고 대학 출판부에서 지정한 양식으로, 문학, 역사학, 예술, 자연과학 등의 분야에서 통용되는 방식이다. APA 양식 등과 비교하여 '외주' 표기에 대한 방식을 규정하고 있는 것이 특징적이다.

- 외주로 출처를 밝히는 경우 뒤에 나오는 참고 문헌 정리 방법과 유사하지만 인용 면수를 쓰는 것에서 차이를 보인다. 즉 외주에서는 반드시 본문에 인용 면수

를 적지만 참고 문헌에서는 인용 면수를 쓰지 않는다.

▶ **'외주' 표시 형식**

① **단행본**: 저자명(연도), 『책 제목』, 출판사, 인용면.

예) 김민국(2020), 『한국어 주어의 격표지 연구』, 태학사, 113.

② **학술지 논문**: 저자명(연도), 「논문 제목」, 『학술지명』 권호, 인용면.

예) 김민국(2011), 「'말이다' 구성의 문법화와 화용화」, 『국어학』 62, 국어학회, 85-56.

③ **인터넷 자료**: 저자(작성 연도), 「문서 제목」, 『사이트명』, 인터넷 주소(검색 일자).
「문서 제목」, 『사이트명』, 인터넷 주소(검색 일자).

예) 김기자(2014), 「시대 문화」, 『한국시대문화연구소』, http://www.Dfa.net/rod/ (2021. 9. 6.)

- 외주는 인용의 출처를 밝히는 용도 외에도 본문의 내용을 보충 설명하는 경우에도 쓸 수 있다. 전자를 '참조주', 후자를 '내용주'라고 한다. 본문에서 서술하면 논리적 흐름을 방해한다고 판단할 경우에 별도의 주석(외주)을 통해서 본문의 내용에 대한 해석이나 추가되는 설명을 서술하는 것이다. 이 밖에도 본문의 내용과 관련된 자세한 내용이나 참조할 만한 구체적인 논의를 밝혀 참조하도록 할 때도 사용한다.

▶ **출처를 밝히는 참조주**

인지의미론에 속한 연구 가운데 특히 눈여겨봐야 할 부분이 있다. 바로 '개념적 은유 이론'에 대한 것인데, 이 개념적 은유 이론은 인지의미론의 발생과 전개에서 가장 중요한 사항 중 하나로 볼 수 있다. 우리의 사고나 개념 자체가 본질적으로 은유라는 기제를 활용하고 있기 때문이다. 인간의 상상력과 복잡한 사고에 기반한 '개념적' 현상은 언어가 인지적 현상으로 모형화되었다는 인지언어학의 핵심적 특성을 나타내는 대표적인 표현이다.[1] 따라서 '개념적'이라는 단어는 인지의미론에서 중심적 역할을 하고 있는 용어라 할 수 있다.

---

1) 임지룡(2006), 「개념적 은유에 대하여」, 『한국어 의미학』 20, 한국어의미학회, 30-31.

이지용(2021), 「인지의미론의 '개념적 은유'에 관한 연구 현황 분석」, 『어문논집』 85, 중앙어문학회, 75.

▶ **본문의 내용과 관련된 자세한 내용이나 참조할 만한 구체적 논의를 밝히는 참조주**

경상방언 담화표지 '아이가'는 반드시 부정발화가 뒤에 이어져야 하는데 반해 중앙어의 '아니'는 후행하는 발화가 긍정과 부정에 모두 가능한 점에서 서로 다르다[2].

2) 감탄사 '아니'에 대한 연구는 이원표(1993), 구종남(1997) 등을 참고할 수 있다.

임규홍(2009), 「경상방언 담화표지 '아이가'에 대한 연구」, 『어문학』 104, 한국어문학회, 172.

구글트렌드에서의 검색어 횟수를 살펴보면, 이 사건 이후로 한국 사회에서는 인공지능과 관련한 전방위적인 관심도가 폭발하였고, 그 이전과 비교하여 이후 관심도가 큰 폭으로 상승하여 이어지고 있음을 알 수 있다.[3] 이에 비해 2016년 1월부터 살펴볼 수 있는 네이버 데이터 랩에서는 2016년 3월의 관심도가 상대적으로 얼마나 지대했는지 정도만을 확인할 수 있다.

3) 강우규·김바로(2017)에서는 이세돌과 알파고의 대국 이후 하계에서 진행된 많은 연구에 대해 공학적 연구과 인문학적인 측면에서 다양한 연구들이 시도되었다고 밝히고 있는데, 구체적으로 인공지능과 구별되는 인간 본연에 대한 철학적, 헌법학적 연구, 인공지능을 활용한 교육방법론에 대한 연구, 인공지능에 대한 인식 변화에 대산 사회학적 탐구, 전러리즘이 알파고를 어떻게 의인화했는지에 관한 연구, 4차 산업 혁명, 포스트 휴먼, 인공지능(AI) 등 다양하고 확장된 논의들이 이어졌다고 설명하고 있다.

이지용(2021), 「인공지능에 대한 개념적 은유 분석-생면체 은유를 중심으로」, 『반교어문연구』 58, 반교어문학회, 142.

▶ 본문 내용의 이해를 돕기 위한 보충 설명의 내용주

담화표지 '인자'가 선행 발화를 붙든다는 것[4]은 '인자'가 가진 시간 부사로서의 의미 기능뿐만 아니라 선행 정보와 한 덩이가 되어 '인자' 뒤에 쉼(pause)이 실현된다는 것에서 알 수 있다.

---

4) 선행 정보를 '붙든다'고 함은 선행 정보의 발화에 이어 후행 정보를 계속 발화할 것임을 의미한다. 이것은 이정민 외(1991)에서 담화표지 '요'의 기능을 디딤말(hedge)로 논의한 것과 유사한 기능이라고 볼 수 있다.

임규홍(1996), 「국어 담화 표지 '인자'에 대한 연구」, 『담화와 인지』 2, 담화·인지언어학회, 11-12.

Fraser(1996: 168, 1999: 950)에서는 명제적 층위가 아니라 의사소통 층위에서 효과를 가지는 표지를 화용표지(pragmatic marker)라고 정의하며 이러한 표지들은 몇 가지로 하위분류할 수 있는데 그 중의 하나가 담화표지(discourse marker)라고 하였다. 담화표지는 화용표지들 중에서도 선행 담화와 후행 담화를 어떻게 연결시키려고 의도하는가를 표시해주는 기능을 갖는 것으로 화용표지 중에서도 담화 간의 결속 기능을 갖는 것으로 전문화된 것이다.[5]

---

5) 화용표지와 담화표지의 정의에 대해서는 학자마다 다소 다른데 본고와 같은 입장은 Schiffrin(1987)에서도 확인할 수 있다. 그런데 학자에 따라 담화표지를 상위개념에, 화용표지를 하위 개념으로 두는 경우가 있는데 이러한 혼란에는 크게 두가지 원인에서 기인하는 듯하다. 첫째, 담화표지 자체가 가지는 기능의 광범위성이고 둘째, 담화표지, 화용표지라는 개념의 이론적 정밀화의 부족이다. '말이다-3'이 담화표지냐, 화용표지냐에 대한 논의는 본고의 범위 밖이므로 이에 대한 논의는 이 정도로 그치고자 한다.

김민국(2011), 「말이다 구성의 문법화와 화용화」, 『국어학』 62, 국어학회, 85.

- 동일한 논저가 주석에 반복되는 경우에는 필요한 서지 사항들을 모두 다 기록하지 않고 약식 부호들을 사용하여 간략히 적는 약식 주석의 방식을 취한다.

▶ 약식 주석의 유형

① 같은 문헌을 바로 연속해서 인용하는 경우에는 '같은 책, 위의 책' 또는 'Ibid.'를 사용한다.

1) 김민국(2020), 『한국어 주어의 격표지 연구』, 서울: 태학사, 113.

2) 위의 책. 151.

3) Crichton, Michael(1969), *The Andromeda Strain*, New York: Knopf, 29.

4) Ibid. 136.

② 바로 위에서 인용한 책의 같은 인용 면수를 인용할 때에는, '같은 책, 같은 면', '위의 책, 위의 면', '앞의 책, 앞의 면' 또는 'loc.cit'를 사용한다.

1) 김민국(2020),『한국어 주어의 격표지 연구』, 서울: 태학사, 113.

2) 김민국, 앞의 책. / 앞의 책/ 김민국, loc. cit. / loc. cit.

4) Crichton, Michael(1969), *The Andromeda Strain*, New York: Knopf, 29.

5) Crichton, Michael, loc. cit. / loc. cit.

③ 바로 연속해서 인용하는 것은 아니지만 앞에서 한 번 인용했던 문헌을 다시 인용할 때에는 '저자, 앞의 책' 또는 'op.cit'를 사용한다.

1) 김민국(2020),『한국어 주어의 격표지 연구』, 서울: 태학사, 113.

2) 서영채(2005),『문학의 윤리』, 문학동네, 26.

3) 김민국, 앞의 책, 151.

4) Crichton, Michael(1969), *The Andromeda Strain*, New York: Knopf, 29.

5) Edward. Carr.(1964), *The Twenty Year's Crisis 1919~1939: An Introduction to the Study of International Relations*, New Youk: Harpers & Row. 94.

6) Crichton, Michael, op. cit. 36.

연습 문제 1

외주 형식(각주)을 내주 형식으로 바꾸어 보자.

▪ 외주 형식

하위 범주로 분류된 가상세계는 증강이나 시뮬레이션이라는 기술적 구현의 양상을 모두 포괄할 수 있기에 실질적으로는 상위 범주로 의미화할 수 있다는 것도 문제적이다. 실제로 가상세계의 유형화가 메타버스와 동일선상에서 논의되기도 하였다. 게임형, 생활형, 파생형 가상세계나[1] 유희적, 사회적 가상세계가 그것이다[2]. 발표된 지 15년 가까이 지난 시점에서, 메타버스 로드맵에 기반한 유형화는 역동적으로 나타나는 기술과 미디어의 융합과 혼종 현상을 담아내기에 다소 한계가 있다.

윤현정·이진·윤혜영(2021), 「메타버스 개념과 유형에 관한 시론: 가능세계 이론을 중심으로」, 『인문콘텐츠』 62, 인문콘텐츠학회, 60.

---

1) 류철균·안진경(2007), 「가상세계의 디지털 스토리텔링 연구: <세컨드라이프>와 MMORPG 비교를 중심으로」, 『게임산업저널』 16, 한국콘텐츠진흥원, 30-47.

2) 한혜원(2008), 「메타버스 내 가상세계의 유형 및 발전방향 연구」, 『한국디지털콘텐츠학회논문지』 9-2, 한국디지털콘텐츠학회, 318-323.

▪ 내주 형식

(3) 참고 문헌 정리

글을 쓰기 위해 참고한 자료나 본문에 인용한 자료는 글의 맨 뒤에 일정한 형식을 지켜 참고 문헌을 정리해야 한다. 참고 문헌의 종류에 따라 정보를 제시하는 형식이 다르므로 이에 유의할 필요가 있다.

◆ 참고 문헌 정보 제시 형식

▶ 단행본

- 국내 서적: 저자(출판 연도), 『제목』, 출판사.
- 외국 서적: 저자(출판 연도), *제목*, 출판사.

예) 김민국(2020), 『한국어 주어의 격표지 연구』, 태학사.
임지룡(1997), 『국어의미론』, 서울: 탑출판사.
Kroeger, P. R.(2004), *Analyzing Syntax*, Cambridge University Press.

국내 서적은 제목을 겹낫표(『』)로 표시한다. 외국 서적은 제목을 기울임체(이탤릭체)로 표시한다. 출판사 앞에 출판 도시를 밝혀 쓰는 경우도 있다. 출판 도시를 적고 ':(콜론)'을 넣은 후 출판사를 적는다.

▶ 학술지 논문

- 국내 논문: 저자(출판 연도), 「제목」, 『학술지명』 권호, 학회지, 수록된 면수.
- 외국 논문: 저자(출판 연도), 제목, *학술지명* 권호, 수록된 면수.

예) 김민국(2009), 「'-이서'의 문법 범주」, 『형태론』 11-2, 형태론, 335-356.
Fraser, B.(1996), Pragmatic Marker, *Pragmatics* 6-2, 167-190.

국내 논문은 논문 제목을 홑낫표(「」)로 표시하고 학술지명을 겹낫표(『』)로 표시한다. 외국 논문은 논문 제목을 일반 글꼴로 표시하고 학술지명은 기울림체(이탤릭체)로 표시한다.

▶ **학위 논문**

저자(학위 수여 연도), 「제목」, 학위수여대학 학위 유형.

예) 김민국(2009), 「접미사에 의한 공시적 단어 형성 연구」, 연세대학교 석사학위논문.
김민국(2016), 「한국어 주어의 격표지 연구」, 연세대학교 박사학위논문.

▶ **번역서**

원저자(출판 연도), 『번역서 제목』, 역자 옮김, 번역서 출판 연도, 번역서 출판사.

원저자(출판 연도), *제목*, 출판사, 『번역서 제목』, 역자 옮김, 번역서 출판 연도, 번역서 출판사.

예) 하스펠마트(2010), 『형태론의 이해』, 김민국 옮김, 2015, 도서출판 역락.

예) Lakoff, G.(1987), *Women, Fire and Dangerous Things: What Categories Reveal about the Mind*, University of Chicago Press, 『인지의미론』, 이기우 옮김, 1994, 한국문화사.

번역서는 원서의 제목 유무, 원저자의 표기 방식 등 그 형식이 다양하다.

▶ **편서**

- 국내 서적: 원저자(출판 연도), 「글 제목」, 편저자 편, 『편서 제목』, 출판사, 수록 면수.
- 외국 서적: 원저자(출판 연도), 글 제목, 편저자, *편서 제목*, 출판사, 수록 면수.

예) 정정훈(2012), 「탈정체화된 연대와 탈개체화된 연대」, 이진경 편, 『휘말림의 정치학』, 그린비, 110-125.
Halle, M. & Marantz, A.(1993), Distributed Morphology and the Pieces of Inflection, Hale, M. & Kenneth, K. (eds.), *The View from Building*, MIT Press, 111-176.

▶ 신문 기사

저자(발행 일자),「기사 제목」,『신문명』, 면수.

예) 김기자(2014. 7. 18.),「교육법 이대로 좋은가?」,『경향신문』, 3면.

▶ 웹 문서

저자(작성 연도),「문서 제목」,『사이트명』, 인터넷 주소(검색 일자).

「문서 제목」,『사이트명』, 인터넷 주소(검색 일자).

예) 김경상(2018),「시대 문화」,『한국시대문화연구소』, http://www.dfa.net/rodhill.wa/(2021. 9. 6.).

「한국 인구 변화 추세」,『통계청』, http://www.cyworld.com/who.am.I?/(2020. 8. 17.).

◆ 참고 문헌 정리

- 저자명의 가나다순을 기준으로, 동일한 저자의 자료가 여러 개라면 연도순으로 배열한다.
- 같은 해에 나온 동일한 저자의 자료들은 출판 연도 뒤에 'a, b, c/ㄱ, ㄴ, ㄷ/가, 나, 다' 등을 써서 구분한다.
- 먼저 국내서를 적고 다음에 국외서를 적는다. 국외서에 동양서와 서양서가 모두 있는 경우에는 동양서를 먼저 쓴다.
- 동양서는 저자명을 가나다순으로, 서양서는 알파벳으로 된 저자의 성(family name)을 기준으로 한다.
- 단행본, 논문, 번역서, 편서 등의 문헌 자료를 하나로 묶어 정리하고, 문헌 자료와는 다른 신문 기사, 웹 문서 등은 문헌 자료와 구분하여 정리한다.

* '한글 문서(*.hwp)'에서 드래그를 하여 범위를 지정한 뒤, '도구-정렬' 또는 '편집-정렬(2018 이후 버전)' 기능을 이용하면 자동으로 정리할 수 있다.

◆ 참고 문헌 작성의 예

아래는 김민국(2016), 「한국어의 격조사와 초점」의 참고 문헌을 가공한 것이다.

고석주(2001), 「한국어 조사의 연구: '-가'와 '-를'을 중심으로」, 연세대학교 박사학위논문.

고영근·구본관(2008), 『우리말 문법론』, 집문당.

김영희(1991), 「무표격의 조건」, 『언어논총』 9, 계명대학교, 5-32.

남기심(1996가), 『국어 문법의 탐구Ⅰ: 국어 통사론의 문제』, 태학사.

남기심(1996나), 『국어 문법의 탐구Ⅱ: 국어 문법 일반의 문제』, 태학사.

남기심(2001), 『현대국어 통사론』, 태학사.

목정수(1998가), 「한국어 격조사와 특수조사의 지위와 그 의미」, 『언어학』 23, 언어학회, 47-78.

목정수(1998나), 「한국어 조사 {가}, {를}, {도}, {는} 의 의미 체계: 불어 관사와의 대응성과 관련하여」, 『언어연구』 18, 서울대학교 언어연구회, 1-49.

박철우(2003), 『한국어 정보 구조에서의 화제와 초점』, 도서출판 역락.

박철우(2014가), 「'대조' 의미의 언어학적 성격: 정보 구조와 관련하여」, 『한국어의미학』 45, 한국어의미학회, 129-157.

박철우(2014나), 「한국어에는 주어가 없는가」, 『현대문법연구』 76, 현대문법학회, 149-172.

배진영 · 최정도 · 손혜옥 · 김민국(2014), 『구어 문어 통합 문법 기술2: 명사와 명사구Ⅱ』, 박이정.

Büring, D.(1999), Topic. In Bosch, P. & R. van der Sandt(eds.), *Focus*, Cambridge University Press, 142-165.

Chafe, W. L.(1974), Language and Consciousness, *Language* 50, 111-133.

Haspelmath, M & A. Sims(2010), 『형태론의 이해』, 오규환·김민국·정한데로·송재영 옮김, 2015, 역락.

Rooth, M.(1985), *Association with Focus*, Ph. D. dissertation, University of Massachusetts.

신문 기사

김경상(2015. 10. 9.), 「우리말의 초점」, 『경상신문』, 3면.

웹 문서

홍성호(2014. 10. 5.), 「주격조사 '가'의 두 얼굴」, 『생글생글』, https://sgsg.hankyung.com/article/2010062129631 (2014. 10. 9.).

연습 문제 2

다음의 논문에서 아래에 해당하는 부분을 찾아보고 간접 인용과 재맥락화를 이해해 보자.

국어의 '사실'과 유사한 영어로 actually가 있다. 영어 actually의 담화적 기능에 대한 연구는 최원선(2002), 소지원(2004)이 있다. 최원선(2002)의 연구에서는 Actually의 담화 기능을 여섯 가지로 나누었다. 그 기능을 선행 발화와 후행 발화의 연결, 발화 내용 확장, 발화 내용 수정, 담화 어조 변경, 후행 발화 구성, 발화 내용 강조로 나누었다. 주로 발화 위치에 따른 기능을 분석한 바 있다. 소지원(2004)은 코퍼스를 통해 actually의 용법을 살폈다. 주로 실현 위치에 따라 용법을 설명하였으며 선행 발화와 후행 발화의 연결과 대조 및 강조의 기능을 제시하고 있다. 실제 영어의 actually와 국어 사실과 유사한 점이 매우 많으나 그 기원적인 형태와 변이 양상은 근본적으로 다르다. 많은 연구자들의 선행연구에서 담화표지와 담화분석에 대한 연구는 매우 다양하게 이루어졌다. 그러나 유독 이 연구에서 다루고자 하는 '사실'에 대한 연구는 보이지 않았다.

임규홍(2021), 「명사 '사실'의 부사화와 담화표지화」, 『담화와 인지』 28-2, 담화·인지언어학회. 129-130.

- 출처를 밝힌 부분

- 선행 연구를 간단하게 언급한 부분

- 선행 연구의 핵심 내용을 짧게 요약한 부분

- 선행 연구의 논리적 순서를 유지하면서 내용을 자신의 말로 옮긴 부분

- 필자의 이해와 평가가 포함된 부분

- 인용을 한 이유나 인용문과 논문과의 관계가 드러난 부분

연습 문제 3

다음 자료들을 외주의 형식과 참고 문헌 형식으로 각각 작성해 보자.

1) 고영근, 구본관의 저서 『국어형태론연구』라는 책의 105면부터 108면까지를 인용하였다. 이 책은 2008년에 서울대학교 출판부에서 간행되었다.

- 외주
- 참고 문헌

2) 바로 위에서 인용한 고영근, 구본관의 저서 『국어형태론연구』 155면을 다시 인용하였다.

- 외주
- 참고 문헌

3) 목정수의 저서 『한국어 문법론』이라는 책의 37면부터 41면까지를 인용하였다. 이 책은 2009년에 서울에 있는 태학사에서 간행되었다.

- 외주
- 참고 문헌

4) 김민국의 논문 「한국어의 격조사와 초점: 주격과 대격을 중심으로」의 177면을 인용하였다. 이 논문은 2016년에 국어학회에서 발행한 『국어학』이라는 학회지 제78호의 165면에서 219면까지 실려 있다.

- 외주
- 참고 문헌

5) 김민국의 논문 「부사격 조사 '로서' 주어에 대한 연구」의 119면을 인용하였다. 이 논문은 2013년에 한국어학회에서 발행한 『한국어학』이라는 학회지 제60호의 109면에서 142면까지 실려 있다.

- 외주
- 참고 문헌

6) Noam Chomsky가 1982년에 쓴 『Lectures on Government and Bindin』이라는 책의 72쪽부터 74쪽까지를 인용하였다. 이 책은 Dordrecht라는 지역에 있는 출판사인 Foris에서 출판되었다.

- 외주
- 참고 문헌

7) 유현경의 논문 「'에게'와 유정성」의 263면을 인용하였다. 이 논문은 2007년에 형태론학회에서 발행한 『형태론』이라는 학회지 제9권 2호의 257면부터 275면까지 실려 있다.

- 외주
- 참고 문헌

8) 유현경의 논문 「조사 '마다'의 의미와 분포」의 141면을 인용하였다. 이 논문은 2007년에 국어학회에서 발행한 『국어학』이라는 학회지 제49권의 137면부터 157면까지 실려 있다.

- 외주
- 참고 문헌

9) Vyvyan Evans가 2009년에 지은 『How words mean』이라는 책의 90쪽을 인용하였다. 이 책은 London에 있는 Oxford University Press에서 출판되었다.

- 외주
- 참고 문헌

10) 2016년 2월 12일 『경상신문』 3면에 실린 김학술 기자가 쓴 「한국어의 주어」라는 신문 기사를 인용하였다.

- 외주
- 참고 문헌

연습 문제 4

앞에 제시된 논저들을 종합하여 논문의 참고 문헌 목록을 작성해 보자.

학습 활동

1. 연구윤리정보포털(https://www.cre.or.kr/)에 접속하여 연구 윤리 위반 사례를 살펴보고 연구 윤리를 준수하기 위해서는 개인적 차원과 사회적 차원에서 어떠한 노력이 필요한지 생각해 보자.

2. 외국의 대학에서는 학문적 윤리를 위반했을 때 이에 따른 처벌 규정을 엄격하게 정해 놓고 있다. 자신이 다니고 있는 대학에서 학문적 윤리를 위반했을 때 어떠한 처벌을 받는지 조사하여 외국 대학의 처벌 규정과 비교해 보자.

3. 한국학술지인용색인(KCI) 논문 유사도 검사 서비스(https://check.kci.go.kr/)에 접속하여 자신이 쓴 글의 유사도 검사를 직접 해 보자.

4. 아래와 같은 과정을 통해 '바꿔 쓰기와 재맥락화'를 이해해 보자.

① 전공 관련 학술 자료 찾기

② 간접 인용된 부분 찾기

③ 인용 원문 자료 찾기

④ 인용 원문과 내용, 표현, 구조 등에 어떤 차이가 있는지 살펴보기

⑤ 인용 원문에 대한 필자의 이해와 평가한 부분 찾기

⑥ 학술 자료와 인용 원문의 논증 관계 또는 인용한 이유 찾기

5. 전공 교수의 추천을 받아 자신의 전공 분야에서 널리 인용되는 학술지 하나를 선택하여 해당 학술지에서 사용하는 인용법과 참고 문헌 정리법을 조사해 보자.

제 2 부

학술적 글쓰기의 방법과 전략

5. 연구 주제 설정

글의 주제를 설정하는 것이 중요하다는 것은 누구나 알고 있을 것이다. 하지만 어떤 주제가 합리적인지, 어떻게 주제를 잡아야 하는지 막막해 글을 시작하기가 쉽지 않다. 이 장에서는 합리적인 주제가 갖추어야 하는 요건과 주제를 설정하는 절차에 대해서 살펴보도록 한다.

5.1. 주제의 요건

주제를 정할 때 먼저 유의해야 할 것은 화제와 주제를 구분하는 것이다. 화제는 글의 소재나 제재이고, 주제는 그 화제를 한정하고 구체화한 것으로, 화제에 대한 글쓴이의 중심 생각이나 관점을 말한다.

◆ 화제와 주제

	화제	주제
의미	• 글에서 다루고자 하는 소재나 제재	• 화제에 대한 글쓴이의 관점, 중심 생각
예	• 고령화 사회 • 군가산점제	• 고령화 사회의 문제점과 해결 방안 • '군가산점제'는 평등의 원칙에 위배되므로, 다른 방법으로 보상해야 한다.

글의 주제는 글쓴이가 관심 있는 것, 글쓴이의 능력으로 다룰 수 있는 것, 논의할 만한 가치가 있는 것으로 설정해야 한다. 특히 학술적인 글의 주제는 '보편성, 유용성, 검증 가능성, 창의성' 등의 요건을 갖추어야 한다.

◆ **합리적인 주제의 요건**

- **보편성**: 글의 주제는 자신만이 관심 있는 것이 아닌 다른 사람에게도 인정받을 만한 가치가 있는 것이어야 한다.
- **유용성**: 글은 새로우면서도 유용한 지식을 담고 있어야 한다.
- **검증 가능성**: 글을 통해 가설이나 주장이 올바른 것인지를 객관적으로 검증할 수 있는 것이어야 한다.
- **창의성**: 주제는 기존에 다루지 않은 새로운 내용을 담은 것이거나 새로운 방식으로 접근한 것이어야 한다.

길잡이 1. 주제의 창의성

학술적인 글의 주제는 '창의적'이어야 한다. 즉 다음과 같이 기존에 언급되지 않은 것이거나 이미 언급되었지만 다른 방법이나 시각으로 재조명하는 것이어야 한다.

- 기존에 언급되지 않은 대상, 새로 발견한 자료, 새로운 현상에 대한 논의
- 선행 연구에서 잘못 해석된 부분이나 부족한 부분을 보완하는 논의
- 새로운 방법론에 입각한 논의
- 기존의 연구와는 다른 해석을 시도하는 논의

5.2. 주제 설정의 절차

대학생들은 보통 수강하는 과목의 과제를 수행하기 위해 학술적인 글쓰기를 하게 된다. 이때 과제의 화제나 주제가 제시돼 있는 경우도 있고, 자유 주제로 스스로 주제를 정

해야 하는 경우도 있다. 과제의 화제가 제시된 경우에는 해당 교과목에서 다루고 있는 내용과 관련하여 구체적으로 범위를 좁혀 주제를 설정해야 한다. 자유 주제일 경우에는 먼저 자신이 관심 가지고 있는 대상 또는 현상을 생각해 보고 '문제 제기 - 문제 정리 - 범위 한정 - 주제 설정 - 주제문 작성'과 같은 과정을 거쳐 합리적인 주제를 설정할 수 있다.

◆ 주제 설정의 절차

단계	내용
문제 제기	• 자신이 관심 있는 내용 즉 화제에 대해서 드는 문제 의식을 문장이나 구로 써 보면서 화제의 범위를 좁게 좁혀 본다. • 화제에 대한 아이디어를 떠올릴 때 '브레인스토밍'이나 '마인드맵' 등의 방법을 활용하는 것도 좋다.
문제 정리	• 화제의 범위를 좁혔다면 그것에 대한 내용을 확장해 보면서 여러 가지 문제를 정리해 본다. • 화제와 관련한 핵심적인 내용부터 주변적인 내용까지 생각나는 대로 빠짐없이 적어 보면서 정리해 본다. • 아이디어 정리뿐만 아니라 내용을 확장할 때에도 '브레인스토밍'이나 '마인드맵' 등의 방법을 활용할 수 있다.
범위 한정	• 정리한 내용을 확인해 보고 자신이 관심 있는 것, 자신의 능력으로 가장 잘 쓸 수 있는 것을 추려 본다. • 추린 내용과 관련하여 많은 선행 연구를 검토한 후에 주제 범위를 한정해야 한다.
주제 설정	• 한정한 범위로 심도 있는 글을 쓸 수 있는지 확인한 후 주제를 확정한다. 확정한 주제는 그 핵심 내용이 잘 드러나는 어구로 써 본다.
주제문 작성	• 주제를 설정한 후에는 주장과 관점이 명확히 드러나는 주제문을 작성한다.

길잡이 2. **브레인스토밍(brainstorming)**

• 브레인스토밍은 자유롭게 생각하고 의견을 교환하는 과정을 통해 다양한 아이디어를 생성하는 방법이다.

- 브레인스토밍은 글의 화제를 찾을 때 활용되는데 여러 사람이 함께 화제를 찾을 때에도 사용된다. 여러 사람이 함께 브레인스토밍을 하면 혼자 생각하지 못했던 것을 알게 되고, 다양한 관점으로 생각을 확장할 수 있어 효과적이다. 또 짧은 시간에 많은 아이디어를 창출할 수 도 있다.

SNS
인스타그램-페이스북-트위터-클럽하우스-팔로잉-소통-연락-인간 관계-공감대-홍보-정치 홍보-광고-신뢰성이 낮음-사이버 범죄-계정 도용-사칭-악플-해킹-스토킹-상대적 박탈감-인충-인기 게시물-좋아요-SNS 말실수-SNS 말투-......

길잡이 3. **마인드맵(mind-map)**

- 마인드맵은 생각들의 상호 연결 상태를 시각적으로 보여주는 방법이다. 브레인스토밍이 자유롭게 생각을 떠올리는 것이라면 마인드맵은 생각을 범주화하여 펼쳐 놓은 것이다.
- 마인드맵은 문제 또는 핵심어를 중심에 두고 여러 단어들이 뻗어 나가는 모습을 보여 줌으로써 생각의 확장 경로를 한눈에 보고 이해할 수 있게 해 준다. 단어와 선으로만 간단하게 나타낼 수도 있고 나아가 선의 굵기나 색깔, 단어의 색깔 등의 요소를 다양하게 활용하여 구체적으로 표현할 수도 있다.
- 요즈음은 마인드맵 프로그램이나 앱이 많이 개발되어 있어 활용할 수 있다. 프로그램에는 마인드맵에서 자주 활용하는 서식들이 만들어져 있고, 선이나 단어의 색깔, 선의 굵기, 단어 제시 방식 등을 손쉽게 바꿀 수 있어 유용하다.

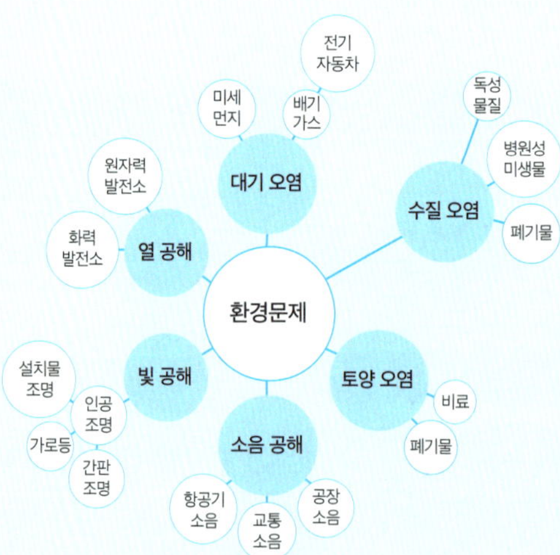

길잡이 4. 선행 연구 검토하여 주제 범위 한정하기

- 선행 연구란 앞선 연구자들이 이미 수행한 연구 성과 및 자료 전체를 말한다. 보고서, 논문 등과 같이 관점이 드러난 텍스트 자료는 물론이고, 연구를 위해 수집한 그림, 표, 그래프 자료 등 다양한 형태의 자료를 포괄한다. 선행 연구 검토는 주제 범위를 한정하는 데에 필수적인 과정이다.
- 주제 범위를 한정하기 위해서는 선행 연구를 검토하여 기존 연구의 '주요 성과'와 '연구 동향'을 파악해야 한다. 선행 연구의 부족한 점, 선행 연구에서 남은 과제로 제시한 것 등을 살펴보고, 주제로 설정할 수도 있다. 기존 연구와의 차이점이 있는 자신의 연구를 진행하기 위해서 필수적인 과정이다.
- 또 자신의 논의에서 참고하고 싶은 '주요 개념 정의'나 '연구 방법' 등과 관련한 선행 연구도 검토해서 자신의 논의에서 다룰 개념 정의를 명확히 하고 연구 방법을 고려해 자신이 쓸 수 있는 주제의 범위를 한정할 수 있다. (선행 연구를 탐색하는 방법은 8.1. 자료의 탐색을 참고.)

길잡이 5. 주제문을 작성할 때 유의할 점

- 주제문에는 하나의 관점이 드러나야 한다.
- 주제문은 주어와 서술어를 잘 갖춘 하나의 완전한 서술형 문장이어야 한다.
- 주제문은 모호할 수 있는 표현을 피하고 정확하고 구체적으로 표현해야 한다.
- 주제문은 정보가 명료하게 드러나야 하므로 단정적인 평서형 문장으로 써야 한다.

'사회'에 대한 학술 에세이 과제를 수행한다고 가정하고 주제 설정의 절차에 따라 주제를 설정하는 과정에 대해서 살펴보자.

◆ 주제 설정의 실제

'사회'에 대한 문제 제기
- 데이트 폭력에 대한 처벌
- 저출산 문제
- 여성 전용 주차장은 역차별인가?

• 노년층 재취업과 청년층의 취업은 상관관계가 있는가?

화제의 범위 좁히기

• 저출산 문제

좁힌 범위에 대한 내용 확장

• 우리나라의 출산율 실태는?

• 저출산이 사회, 경제적으로 미치는 영향은?

• 저출산의 원인은?

• 저출산 문제에 대한 사회적 해결 방안은 무엇일까?

• 정부의 저출산 정책은 어떤 것이 있는가?

• 다른 나라의 저출산 정책은 어떤 것이 있을까?

• 출산 지원금을 보완하여 현재의 저출산 문제를 해결할 수는 없을까?

• 정부 정책에 대한 출산 가정의 만족도는?

• 정부의 저출산 정책이 실효성이 있는가?

• 출산 가정에 실질적으로 필요한 것은?

범위 한정

• 출산 지원금 증액에도 출산율이 떨어지는 이유는 무엇인가?

주제 설정

• 실질적인 도움을 주는 저출산 정책의 필요성

주제문 작성

• 출산 지원금 정책은 저출산 문제를 해결 할 수 없으므로 육아 지원 및 경력 단절 방지 등과 같은 실효성 있는 정책이 필요하다.

연습 문제 1

다음 주제문의 문제점에 대해 생각해 보고, 바르게 고쳐 보자.

- K-POP, K-드라마의 영향으로 한국어에 대한 관심이 증가하고 있고, 한국은 영어 교육에 대한 관심이 증가하고 있다.

- 교통사고 예방을 위한 강력한 음주 운전 단속의 필요성

- 가족 구성원의 다양성을 인정해야 한다. 따라서 비혼 출산을 법제화해야 한다.

- LMO는 탄소 중립을 실현하기에 적합할 것 같다.

- 불법 체류자에게 은행 서비스를 제공하는 것은 바람직한가?

학습 활동

1. 한 편의 글은 '문제 의식'에서 시작된다고 해도 과언이 아니다. 자신이 평소 생각했던 다양한 분야의 '문제 의식'들을 써 보자.

2. 위에서 쓴 '문제 의식'에서 선택하거나 아래의 화제 중에 하나를 골라 주제 설정의 절차에 따라 주제를 설정해 보자.

• 코로나 19	• 인공지능(AI)	• SNS와 인간 관계	• 신조어

3. 설정한 주제는 주제문의 요건을 고려하여 주제문으로 써 보고 발표해 보자.

6. 연구 계획서 작성

연구를 수행하기에 앞서 연구 계획서를 통해 연구 목적과 내용, 의의 등을 구체화한다. 이 장에서는 연구 계획서의 개념과 구성 및 작성 방법을 알아보기로 한다.

6.1. 연구 계획서의 요건

연구 계획서는 연구자가 어떤 주제를 가지고 어떤 방법으로, 왜 연구를 하는지에 대해 논리적이고 체계적으로 작성하는 글이다. 연구를 수행하기에 앞서 사고를 구조화하는 과정이라 할 수 있다. 연구 계획서를 통해 연구 내용을 논문으로 발전시킬 수 있는지 평가받을 수 있으며 집필 과정에서 발생할 수 있는 오류를 줄일 수도 있다.

짧은 분량의 글이므로 주장과 근거를 A4 1-3장 정도로 요약할 수 있어야 하며, 연구 내용을 이해할 수 있게 쉽고 구체적으로 설명해야 한다. 또한 연구의 방향과 연구의 목적이 명확하게 드러나야 하므로 정확한 어휘를 사용하여 명료하게 작성해야 한다.

◆ 연구 계획서의 특징

- 연구의 타당성을 확인받는 글이다.
- 형식적으로 통제된 글쓰기이다.
- 학술적 결과물로 인정되지 않지만 학문적 가치를 평가받을 수 있다.
- 구성은 압축적으로, 연구 내용은 구체적으로, 표현은 명료하게 써야 한다.

길잡이 1. 연구 계획서를 쓸 때 주의할 점

연구에 앞서 작성하는 '계획서'이지만 실제로는 기대하거나 예측하는 결과까지 제시하여, 내용적으로는 완성된 모습을 갖추어야 한다. 즉 논문의 전체적인 흐름을 보여 주어야 하므로 추상적인 계획 또는 해결되지 않은 '아이디어' 수준의 내용을 쓰지 않도록 주의해야 한다.

6.2. 연구 계획서의 구성 요소

연구 계획서는 기본적으로 연구 제목, 연구 배경, 연구 목적 및 의의, 선행 연구 검토, 연구 대상 및 방법, 목차, 참고 문헌으로 구성된다. 다만 전공 분야의 특성이나 기관의 성격에 따라 '연구 가설, 이론적 배경, 연구 진행 일정' 등이 포함되는 등 그 틀에 다소간의 차이가 있다.

◆ 연구 계획서의 구성 요소와 내용

구분	내용
연구 제목	• 논문의 핵심 키워드를 활용하여 주제가 잘 드러나게 해야 한다.
연구 배경 및 필요성	• 이 연구의 밑바탕 또는 계기가 된 사회적, 학문적 배경 등을 언급할 수 있다. • 논문의 주제와 관계되는 최근의 연구 경향을 언급한다. • 그 속에서 부족한 점, 깊은 관심의 대상이 되지 못한 부분, 앞으로 필요한 연구 분야 등을 제시하면서 이 연구의 필요성이 드러나도록 해야 한다.
연구 목적 및 의의	• 이 연구를 통해 궁극적으로 얻고자 하는 것이 명확하게 드러나도록 설명한다. • 이 연구가 학계에 학문적으로 어떤 기여를 할 수 있는지 설명한다.
선행 연구 검토	• 자신의 연구 주제와 관련된 대표 연구의 업적을 정리한다. 이때, 모든 논문을 언급할 수 없으므로 해당 분야의 성과가 두드러지는 연구자의 논문과 박사학위논문을 우선적으로 참고하는 것이 좋다. • 연구들을 단순히 나열하는 것이 아니라 각 연구의 성과가 무엇인지 언급해야 한다. • 명확한 기준을 토대로 정리해야 한다. 주제별로 분류할 수도 있으며, 시기별로 분류하여 연구 흐름을 통시적으로 정리할 수도 있다. 자신의 주제를 잘 드러낼 수 있는 방식을 선택해야 한다.

연구 방법 및 대상	• 연구 결과에 도달하는 데에 적합한 연구 방법과 연구 범위를 설명한다.(질적·양적 연구, 공시적·통시적 연구, 문헌·실증 연구 등) • 현실적인 방법이어야 하며, 연구 방법을 실행할 구체적인 방안을 제시해야 한다.(자료 수집 기간·장소·방법·활용 방안, 절차)
가상 목차	• 연구 계획서에 필수적인 요소는 아니다. 하지만 목차는 연구의 내용을 짜임새 있게 재배치한 것이므로 목차를 제시하면 연구의 방향성과 체계를 파악하는 데에 도움이 된다.
참고 문헌	• 자신이 속한 학문 공동체의 규범에 따라 일관된 형식으로 정리한다. • 연구계획서에 직접 언급한 선행 연구 외에도 자신의 연구 주제와 관련된 주요 논문을 모두 포함한다.

길잡이 2. 연구 제목을 쓸 때 주의할 점

1. 연구 제목은 명사로 끝나는 것이 일반적이다. 다만 명사형(-음, -기)으로 끝나지 않도록 해야 한다.
2. 넓고 거창한 제목보다는 연구의 범위가 명확히 드러나도록 구체적으로 써야 한다.
3. 추상적인 표현, 구어 표현, 축약형 표현은 삼가야 한다.

이상의 내용을 기본으로 하되 그 형식은 전공에 따라 달라진다. 형식에 따라 표현 방식과 글의 전개 방식이 다르므로 자신이 속한 학문 공동체에서 요구하는 형식을 잘 알아 둘 필요가 있다.

◆ 연구 계획서의 형식

• 표 형식

연구 계획서

소속		이름	

구분	내용
연구 제목	
연구 배경	
연구 목적 및 의의	
선행 연구 검토	
연구 방법 및 대상	
가상 목차	
참고 문헌	

• 줄글 형식

학위 논문 연구 계획서

제출자	소속		학번	
	과정		이름	
지도교수	학과		이름	
연구 제목	국문			
	영문			
연구 개요				

첫 번째 유형과 같이 표 형식인 경우 각각의 항목이 명확하게 나뉘어 있으므로 앞의 설명과 같이 각 항목에 적합한 내용을 작성하면 된다. 두 번째 유형과 같이 세부 항목의 구분 없이 줄글로 작성해야 하는 경우에는 서론-본론-결론의 구성으로 한 편의 글을 완성해야 한다(3.3. 참고). 서론에서는 연구 배경과 선행 연구를 언급하면서 이 연구의 목적과 필요성을 두드러지게 해야 하며, 연구 방법과 범위 등을 설정한다. 본론에서는 연구의 핵심 내용을 요약하여 제시해야 하며 결론에서는 연구 내용을 요약하고 연구의 의의 및 기대 효과, 제언 등을 제시하며 마무리한다.

◆ 연구 계획서의 실제

• 표 형식

연구 계획서

소속	·	이름	·

구분	내용
제목	경남 지역 대학생의 경남 지역어 사용 실태
연구 배경	• 지역어는 해당 지역 사람들이 전통적으로 쓰는 말로, 지역 정체성의 핵을 이룬다. 해당 지역의 언어를 부정하는 일은 지역 문화를 약화시키고 지역 정체성을 붕괴시킨다. 그러나 최근 대학생들의 언어생활 속에서는 지역어를 찾기 어려운 실정이다. • 유네스코는 언어의 지속 가능성과 위기의 정도에 따라 언어의 상태를 5단계로 나눈다. 이때 단계의 구별 기준은 언어 사용의 세대 간 전승에 중심을 두고 있다. 이 단계에 따르면 '어린이가 사용하지만 사용 영역이 가정 내로 제한된 언어'는 2단계인 '분명히 위기에 처한 언어'로 분류된다. • 젊은층의 언어 사용 모습으로 언어 전승의 여부와 그 정도를 확인할 수 있다. 그러므로 젊은층의 지역어에 대한 인식과 지역어 사용 실태는 앞으로의 언어 정책이 나아가야 할 길을 모색하는 데에 도움이 될 것이다.
연구 목적 및 의의	• 경남 지역 대학생의 경남 지역어에 대한 인식을 알아본다. • 경남 지역 대학생의 경남 지역어 사용 실태를 확인하고자 한다. • 경남 지역어의 소멸 정도를 확인하고자 한다.
선행 연구 검토	• 국립국어원에서 2005년부터 2013년까지는 <권역별 지역어 조사 사업>을, 2017년부터 최근 2020년까지는 <지역어 보완 조사 사업>을 진행하였다. 하지만 이 조사는 생생한 지역어를 '기록'하여 남기기 위한 것으로 제보자의 연령이 70-80대가 주를 이룬다. 이 조사는 지역어의 사용 실태와 소멸의 정도 등을 분석하기보다 지역어의 모습을 기록하는 데에 초점을 두었다. • 따라서 지역어의 기록이 아닌 사용 실태에 대한 연구가 활발하게 이루어져야 한다. 이에 더하여 지역어의 소멸 문제에 접근하기 위해서는 언어 전승의 중심이 되는 젊은층의 지역어 사용 실태를 확인할 필요가 있다.

<table>
<tr>
<td>연구 방법
및 대상</td>
<td>
• 경남 지역의 20대 대학생을 대상으로 설문 조사를 실시한다.
• 먼저 지역어에 대한 인식을 확인한다. 질문은 다음과 같다.

① 사투리는 촌스럽다: □ 예 □ 아니오
② 사투리는 취업에 방해가 된다: □ 예 □ 아니오
③ 나는 어른들이 사투리를 쓰면
□ 멋있다 □ 무식해 보인다 □ 촌스럽다 □ 아무렇지도 않다
④ 방송에서 연예인이 경상도 말을 쓰면
□ 듣기 좋다 □ 무식해 보인다 □ 우스워 보인다 □ 잘 모르겠다
⑤ 서울에 사는 사람을 만나면 (□ 서울말 □ 사투리 □ 아무말)을 쓸 것 같다

• 지역어 사용 여부는 크게 '음운, 문법, 어휘'로 나누고 실제 용례를 제시한다. 사용 여부는 '주로 사용, 가끔 사용, 사용하지 않음'으로 나눈다. <문항 1>을 예로 보이면 다음과 같다.

<문항 1>
길이 넓다
□ 주로 사용 □ 가끔 사용 □ 사용하지 않음
질이 넓다
□ 주로 사용 □ 가끔 사용 □ 사용하지 않음
</td>
</tr>
<tr>
<td>가상 목차</td>
<td>
1. 서론
2. 대학생의 지역어 인식
3. 대학생의 지역어 사용
3.1. 음운
3.2. 문법
3.3. 어휘
3.3.1. 옛말 전승형
3.3.2. 특이형
4. 결론
</td>
</tr>
<tr>
<td>참고 문헌</td>
<td>
김정대(2009), 「방언의 수집과 전사에 대하여 -"지역어 조사 사업"의 경험을 바탕으로」, 『배달말』 45, 배달말학회, 1-41.
박용식(2011), 「경남의 언어」, 『경남문화연구』 32, 경상대학교 경남문화연구소, 71-108.
박용식(2020), 「언어 소멸 양상 연구 -진주 지역을 중심으로」, 『영주어문』 46, 영주어문학회, 27-46.
위진(2015), 「지역어 조사 방법 및 결과 분석: 국립국어원 조사를 중심으로」, 『한국방언학』 22, 한국방언학회, 489-528.
위진(2016), 「국립국어원 지역어 조사 사업 추진 현황과 결과」, 『새국어생활』 26, 국립국어원, 79-116.
최명옥(2005), 「지역어 연구를 위한 조사항목의 작성에 대해서」, 『한국방언학』 2, 한국방언학회, 65-79.
</td>
</tr>
</table>

• 줄글 형식

학위 논문 연구 계획서

제출자	소속	·	학번	·
	과정	·	이름	·
지도교수	학과	·	이름	·
연구 제목	국문	경남 지역 대학생의 경남 지역어 사용 실태		
	영문	The actual conditions of South Gyeongsang dialect use		
연구 개요				

연구는 경남 지역 대학생의 경남 지역어 사용 실태를 확인하는 것을 목적으로 한다. 이와 더불어 지역어에 대한 인식을 조사하여 지역어의 소멸 양상과 함께 그 원인을 파악하고자 한다.

지역어는 해당 지역 사람들이 전통적으로 쓰는 말로, 지역 정체성의 핵을 이룬다. 그러나 최근 대학생들의 언어 생활 속에서는 지역어를 찾기 어려운 실정이다. 젊은층의 언어 사용은 곧 언어 전승의 여부와 정도를 판가름하는 기준이 된다. 유네스코에서 언어 사용의 세대 간 전승을 기준으로 설정한 단계에 따르면 '어린이가 사용하지만 사용 영역이 가정 내로 제한된 언어'는 2단계인 '분명히 위기에 처한 언어'로 분류된다. 즉, 젊은층에게서 지역어 사용 모습을 확인하기 어렵다는 것은 지역어가 소멸의 위기에 처해 있음을 뜻한다. 이에 젊은층의 실제 언어 사용 모습을 살피는 연구가 필요하다.

이와 관련하여 국립국어원에서도 활발한 조사가 진행되어 왔다. 2005년부터 2013년까지는 <권역별 지역어 조사 사업>을, 2017년부터 최근 2020년까지는 <지역어 보완 조사 사업>을 진행한 바 있다. 그러나 이 조사는 생생한 지역어를 '기록'하여 남기기 위한 것으로 제보자의 연령이 70-80대가 주를 이루며, 지역어의 사용 실태와 소멸의 정도 등을 분석하기보다 지역어의 모습을 기록하는 데에 초점을 두었다. 그렇기에 언어 전승 여부를 확인할 수 있는 젊은층의 언어 사용에 대한 조사와 기록은 부족한 실정이다.

이 연구는 생생한 언어 사용 실태를 확인하는 것을 목적으로 하므로 경남 지역의 20대 대학생을 대상으로 설문 조사를 실시하고자 한다. 거주 지역은 경남으로 한정하며, 남녀의 성비를 균등하게 설정한다. 설문은 '지역어에 대한 인식'과 '지역어 사용'으로 나눈다. '지역어 사용'에 대한 질문은 크게 '음운, 문법, 어휘'로 나누고 '길이 넓다; 질이 넓다'와 같이 실제 용례를 제시한다. 사용 여부는 '주로 사용, 가끔 사용, 사용하지 않음'으로 나눈다.

경남 지역어의 전승을 담당할 젊은층의 지역어 사용 실태를 조사하여 젊은층의 언어 사용 모습을 확인함과 동시에 지역어가 처한 위기를 확인할 수 있을 것으로 기대한다. 또한 이러한 연구는 지역어 관련 언어 정책이 나아가야 할 길을 모색하는 데에 도움이 될 것이다.

길잡이 3. 연구 계획서에서 사용하는 표현

연구 계획서에서 사용하는 표현은 다음과 같은 것들이 있다. 이러한 표현은 연구 계획서뿐만 아니라 학술적 글쓰기 전반에서 사용되므로 익혀 두는 것이 좋다.

• 연구 지칭 방법
- 이 연구, 본 연구, 이 글, 본고

• 연구 배경 및 필요성
- 그럼에도 불구하고 ~에 대한 ~ 연구는 이루어지지 않았다.
- 그럼에도 불구하고 ~은/는 관심의 대상이 되지 못했다.
- 이에 ~의 필요성이 제기된다.
- 이에 ~할 필요성이 있다고 판단하였다.

• 연구 목적
- 이에 이 연구는 ~하는 것을 목적으로 한다.
- 이에 이 연구에서는 ~을/를 하고자 한다.
- 이 연구의 목적은 ~은/는 데에 있다.
- ~은/는 데에 그 목적이 있다.

• 연구 의의
- ~을/를 할 수 있을 것이라 기대한다.
- ~은/는 데에 의의가 있다.
- ~을/를 밝힐 수 있다.

• 선행 연구 검토
- 이와 관련하여 ○○○(2010), ○○○(2013) 등의 연구를 참고할 수 있다.
- 이와 관련한 연구로는 대표적으로 ○○○(2010), ○○○(2013) 등이 있다.

• 연구 방법
- ~방법을 통해(~방법론에 따라) ~고자 한다.(~려고 한다)
- ~(으)ㅁ으로써 ~고자 한다.

연습 문제 1

아래는 임지룡(2004)의 내용을 재구성한 연구 계획서이다. 연구 계획서를 읽고 '연구 배경'과 '연구 목적 및 의의'를 찾아 보자.

연구 제목	국문	국어에 내재한 도상성의 양상과 의미 특성
	영문	Aspects of Iconicity and Their Meaning Properties Represented in Korean

연구 개요

소쉬르가 기호의 형식과 내용 간의 관계를 '자의성'이라 주창한 이래로 이것이 부동의 원리로 간주되어 왔다. 그러나 인지언어학에서 자의성에 대립되는 '도상성'이 언어의 중요한 연구 과제로 부각되었다. 하이만(Haiman 1985)을 시작으로 하여 뇌스(Nöth 1990), 라던(Radden 1992), 퓌츠(Pütz 1997) 등에서는 '도상성'을 인지언어학의 핵심적 개념으로 보았으며, 워어·뉴필드(Waugh&Newfield 1995)에서는 도상적 관계는 어린이의 언어 학습에서도 중요한 요인이 됨을 지적하였다. 국내의 연구로 화용론적 언어 분석을 위한 도상성의 기제를 소개한 이효상(1993), 도상성의 원리를 분석한 임지룡(1995), 사동문과 '-고' 접속문의 도상적 순서를 논의한 박종갑(1996) 등이 있으나 국어학계에서는 도상성에 대한 관심과 이해가 높지 않은 실정이다.

이에 이 글에서는 언어의 중요한 성질 가운데 하나인 '도상성'의 의의를 보다 더 적극적으로 해명하기 위하여 기호의 유형과 성격을 살펴보고자 한다. 또한 이를 바탕으로 국어 어휘, 문장, 담화 층위에 내재한 도상성의 양상과 의미 특성을 규명하고자 한다.

도상성의 하위 유형은 학자에 따라 매우 다양하다. 그 중 야콥슨(Jakobson 1965, 1966)은 도상성을 '음성 층위의 도상성', '형태 층위의 도상성', '의미 층위의 도상성', '통사 층위의 도상성'으로 나누어 제시하였으며, 하이만(Haiman 1985)은 도식적 도상성을 '구조동형성'과 '동기화'로 분류하였다. 테일러(Taylor 2002)는 도상성을 '모방적 도상성'과 '구조적 도상성'으로 나눈 바 있다. 이 글에서는 테일러(Taylor 2002: 46-48)에서 도상성의 하위 유형으로 나눈 '구조적 도상성'을 중심으로 하여 국어에 내재한 도상성을 살피기로 한다.

국어에는 개념의 복잡성 정도가 언어적 재료의 양과 비례하는 '양적 도상성', 시간적 순서나 우선성의 정도가 언어 구조에 반영되는 '순서적 도상성', 개념적 거리와 언어적 거리가 비례 관계를 형성하는 '거리적 도상성' 등을 복합어, 문장, 담화 층위에서 확인할 수 있다. 예를 들어 '아이:아이들, 집:집집마다'은 단수와 복수의 개념적 차이가 형태상의 복잡성 정도에 반영된 것이며, '눈/물:눈물, 손/목:손목'은 개념적 복잡성이 형태상의 구조에 반영된 것이다. 이는 '양적 도상성'으로 설명될 수 있다. 그리고 문장 층위에서, 결혼한 이후에 아기를 낳았다는 사실을 '그들은 아기를 낳고 결혼했다'가 아닌 '그들은 결혼하고 아기를 낳았다'라는 문장으로 표현하는 것은 '순서적 도상성'으로 설명될 수 있다. 마지막으로 '아버지:할아버지:외할아버지'와 같이 개념 화자와의 개념적 거리가 호칭어의 형태에 반영되는 것은 '거리적 도상성'으로 설명될 수 있다.

이러한 도상성은 인간의 경험과 경향성이 언어 구조에 반영된 것으로 의사소통의 효율성을 극대화한다. 이와 같이 언어의 구조와 기능 간의 유기적 상관 관계를 밝히는 것은 곧 효율성 및 경제성, 자연성, 현저성 등 언어 구조에 반영된 국어 공동체의 경험과 인지적 경향성을 확인하는 것이 될 수 있다.

학습 활동

1. 자신이 속한 학문 공동체의 연구 계획서를 찾아 형식과 표현 방식을 살펴보자.

2. 전공과 관련된 주제를 설정하여(5.2. 참고) 연구 계획서를 작성해 보자.

7. 개요 및 목차 구성

개요와 목차는 글의 전체적인 짜임새를 보여 주는 것으로 글의 방향을 잃지 않게 도와준다. 이 장에서는 개요와 목차를 작성하는 방법을 알아본다.

7.1. 개요 작성

개요란 글을 쓰기 위한 설계도라고 할 수 있다. 글의 주제를 설정했더라도 개요를 쓰기 전에는 막연한 생각에 그칠 가능성이 크다. 따라서 구체화한 글의 내용을 개요를 통해서 짜임새 있게 구성해야 한다.

◆ 개요 작성 시 이점

- 글의 전체적인 구성과 흐름을 파악하기 쉬워 논리적인 글을 쓰는 데 도움이 된다.
- 개요를 작성하면서 주제에 벗어난 논의, 보완이 필요한 부분 등을 찾아내기 쉽다.
- 글을 쓰는 과정에서 내용이나 구성 등 바뀌는 부분이 생길 경우, 개요를 통해 처음의 계획과 비교할 수 있어 글을 수정하는 데에 도움이 된다.

개요는 핵심 어구로 나타내는 화제 개요나 완결된 문장 형식으로 나타내는 문장 개요로 작성할 수 있다. 화제 개요는 핵심 어구로 구성되어 있어 글의 전체 내용을 한눈에 파악할 수 있고 문장 개요는 구체화된 내용을 담고 있기 때문에 글의 흐름이나 논리 관계를 파악하는 데 유용하다.

◆ 화제 개요와 문장 개요

화제 개요	문장 개요
인터넷 실명제 실시 1. 서론 - 인터넷 익명제의 문제점 2. 본론 2.1. 인터넷 실명제와 표현의 자유 2.2. 인터넷 실명제의 긍정적 영향 2.2.1. 허위 정보 유포 방지 2.2.2. 인터넷 언어 폭력 예방 2.2.3. 경제적 부담 감소 3. 결론 - 인터넷 실명제 도입 필요성 강조	인터넷 실명제 실시 1. 서론 - 악플로 고통받다가 자살한 사건이 빈번하게 발생하고 있어 인터넷 익명제의 문제점이 불거지고 있다. 2. 본론 2.1. 인터넷 실명제가 표현의 자유를 해치는 것은 아니다. 2.2. 인터넷 실명제가 사회에 긍정적인 영향을 끼칠 수 있다. 2.2.1. 허위 정보의 유포를 방지할 수 있다. 2.2.2. 인터넷 언어 폭력 문제를 예방할 수 있다. 2.2.3. 사이버 범죄에 투입되는 인력과 돈을 줄일 수 있다. 3. 결론 - 건전한 인터넷 문화를 위해 인터넷 실명제를 실시해야 한다.

◆ 개요를 바탕으로 쓴 초고

최근 인터넷 악플로 우울증을 앓다가 자살하는 사건이 빈번하게 발생하고 있다. 연예인은 물론 인터넷 방송인도 잇달아 극단적 선택을 했다는 기사가 전해져 많은 사람들에게 안타까움을 사고 있다. 더 슬픈 사실은 사건이 벌어지고 난 이후 조사해 보면 대부분 악플의 내용이 허위 사실로 밝혀지는 것이다. 이러한 사건이 빈번하게 일어나면서 악플 문제의 심각성, 즉 인터넷 익명제로 인한 문제점이 지속적으로 화두에 오르고 있고, 이에 대한 대안으로 인터넷 실명제의 필요성이 강조되고 있다.

인터넷 실명제는 인터넷 이용자의 실명과 주민등록번호가 확인되어야만 인터넷에 글을 올릴 수 있는 제도를 말한다. 인터넷 실명제에 반대하는 사람들은 인터넷은 자신의 의견을 자유롭게 표현하는 공간인데 인터넷 실명제를 실시하면 표현의 자유를 보장하지 못한다고 주장한다. 정말 인터넷 실명제를 실시하면 표현의 자유를 보장받지 못할까? 그렇지 않다. 인터넷 실명제를 실시해도 자신의 의견을 자유롭게 표현할 수 있다. 지금처럼 '표현의 자유'라는 권리 아래 무분별하게 허위 사실, 주관적인 나쁜 감정 등을 드러내는 것이 '표현의 자유'라고 할 수는 없을 것이다. 인터넷 실명제를 실시하면 악성 댓글 방지 등 성숙한 인터넷 문화가 조성되는 것이지 '표현의 자유'가 침해되는 것은 아니다. 실명으로 자신의 의견을 얼마든지 자유롭게 표현할 수 있다. 실명으로 할 수 없는 말을 하는 것이 표현의 자유는 아니기 때문이다.

인터넷 실명제를 실시하면 사회에 긍정적인 영향을 끼친다. 가장 먼저 허위 정보의 유포를 막을 수 있다. 실명으로 글을 쓰는 것은 자신이 남긴 글에 책임을 진다는 의미이므로 정확하지 않은 정보를 무분별하게 쓰지 않게 되어 허위 정보가 줄어들게 된다. 이로써 인터넷 정보에 대한 신뢰도도 높아지게 되고, 자신의 의견을 책임감 있게 표현하는 건전한 인터넷 문화가 될 것이다.

인터넷 실명제를 실시하면 인터넷 언어 폭력 문제를 줄일 수 있다. 익명으로 글을 쓸 때는 자신의 정체를 숨길 수 있기 때문에 언어 폭력을 일삼게 된다. 악성 댓글로 검찰에 소환된 사람들의 대다수는 평범한 사람들뿐만 아니라 사회적 명예가 높은 사람들도 있어 충격을 주었다. 인터넷 실명제를 실시하면 언어 폭력이 줄어들게 될 것이다. 실제 일본 마이리쿠르트라는 사이트에서 인터넷 실명제를 시범으로 도입해 본 결과 6개월 만에 악성 댓글이 절반으로 감소하였다고 밝혔다.

인터넷 실명제를 실시하면 사이버 범죄가 줄어들게 될 것이다. 사이버 범죄가 일어나면 IP를 추적하는 등의 일에 많은 인력이 투입되고 돈이 들게 된다. 실명제를 실시하게 되면 이에 따른 인력과 돈을 줄일 수 있어 경제적으로 긍정적인 영향을 줄 것이다. 인터넷 실명제를 반대하는 사람들은 '개인 정보 유출'의 위험에 대해 이야기한다. 현재 인터넷으로 할 수 있는 금융 업무, 거래 전반에서도 실명 인증이 필수가 되었기 때문에 '개인 정보 유출의 위험'은 인터넷이 활성화되는 한 언제든지 발생할 수 있는 문제이지 실명제에 따른 문제라고 보기 어렵다. 오히려 실명제를 실시하여 얻을 수 있는 경제적인 효과를 개인 정보가 유출되지 않게 기술적으로 보완하는 데 쓸 수 있을 것이다.

인터넷 실명제 실시에 따른 사회의 긍정적 영향에 대해서 살펴보았다. 현재 우리는 인터넷 없이 살 수 없다고 할 만큼 인터넷과 뗄 수 없는 삶을 살고 있다. 이에 인터넷에서 많은 문제점이 일어나는데 이는 대부분 익명성에 기인한 것이므로 인터넷 실명제를 실시한다면 이러한 문제들이 해소될 것으로 보인다. 따라서 인터넷 실명제를 실시하여 건전하고 성숙한 인터넷 문화를 만들어가야 한다.

개요를 작성할 때에는 몇 가지 유의할 점이 있다.

◆ 개요 작성 시 유의할 점

• 피상적인 방향이 아닌 구체적이면서도 명확한 내용을 담아야 한다.

수정 전	수정 후
2. 저출산 원인 2.1. 경제적 원인 2.2. 사회적 원인 3. 저출산 문제 극복 사례	2. 저출산 원인 2.1. 경제적 원인 2.1.1. 출산 시 수입 감소 2.1.2. 양육비의 부담 2.2. 사회적 원인 2.2.1. 경력 단절 및 실업 2.2.2. 일과 육아의 양립 어려움 3. 저출산 문제 극복 사례 3.1. 프랑스와 핀란드의 인구 정책 3.2. 지자체의 저출산 극복 정책

• 상위 항목 밑에 두는 하위 항목은 두 개 이상이어야 한다.

수정 전	수정 후
3. CCTV 설치의 긍정적인 역할 3.1. 범죄 예방 효과	3. CCTV 설치의 긍정적인 역할 3.1. 범죄 예방 효과 3.2. 사고 발생 후 수사 도움

• 항목 간의 위계를 맞추어야 한다. 상위 항목은 하위 항목들을 포괄할 수 있는 내용이어야 한다.

수정 전	수정 후

2. 경상국립대학교 장학금 정책
  2.1. 국내 대학 장학금 정책
  2.2. 해외 대학 장학금 정책
	(1)
	2. 국내외 대학교 장학금 정책
	  2.1. 국내 대학 장학금
	  2.2. 해외 대학 장학금
	
	(2)
	2. 경상국립대학교 장학금 정책
	  2.1. 단과 대학별 장학금
	  2.2. 학과별 장학금
	  2.3. 기타 장학금

• 화제 개요와 문장 개요를 섞어 쓰면 안 된다.

수정 전	수정 후

1. 서론
- 이력서의 필수 요건인 사진 부착
- 이력서에 부착한 사진이 지원자를 평가하는 기준이 되고 있다.
 	
2. 본론
  2.1. 이력서 사진의 실제적인 역할
    2.1.1. 신분 확인을 위한 사진 부착
    2.1.2. 사진으로는 직무 능력을 평가할 수 없다.
  2.2. 사진 부착으로 인한 고용 차별 문제
 	
3. 결론
- 고용 차별을 없애기 위해 이력서에 사진을 부착하는 것을 금지해야 한다.
	1. 서론
	- 기업의 90% 이상이 이력서에 사진을 부착하는 것을 필수 요건으로 하고 있다.
	- 이력서에 부착한 사진이 지원자를 평가하는 기준이 되고 있다.
	
	2. 본론
	  2.1. 이력서 사진은 실제적인 역할이 없다.
	    2.1.1. 신분 확인은 다른 서류를 통해 충분히 할 수 있다.
	    2.1.2. 이력서 사진으로는 직무 능력을 평가할 수 없다.
	  2.2. 이력서 사진은 고용 차별의 원인이 된다.
	
	3. 결론
	- 고용 차별을 없애기 위해 이력서에 사진을 부착하는 것을 금지해야 한다.

개요를 작성한 후에는 개요를 검토하면서 글의 구성과 내용을 다시 점검해야 한다.

◆ 개요 검토하기

1. 전체적인 큰 틀에서 부분인 것의 순서로 검토한다. 제목, 주제, 서론, 본론, 결론 즉 큰 틀을 살피면서 문제 의식, 연구 목적이 글에 잘 반영되어 있는지 검토한다.
2. 주제와 항목이 일치하는지 확인해야 한다. 아무리 좋은 내용이라도 주제와 부합하지 않는 내용이라면 과감하게 삭제해야 한다.
3. 서론, 본론, 결론의 구성이 유기적으로 연결되어 있는지 논리적 흐름이 자연스러운지 검토한다.
4. 결론에 새로운 내용이 논의되고 있지는 않은지 검토한다.

연습 문제 1

다음 제시된 개요에서 내용상 적절하지 않은 부분을 찾아보자.

주제: '한국어 세계화 사업'의 개선 방안

(서론)
Ⅰ. 한국어 세계화 사업의 배경 및 내용
1. 세계 문자사와 한글의 창제 원리
2. 한국어 세계화 사업의 배경
3. 한국어 세계화 사업의 내용
4. 한국어 세계화 사업의 필요성

(본론)
Ⅱ. 한국어 세계화 사업의 실태
1. 정부 기관의 세계화 사업
2. 민간 기관의 세계화 사업

Ⅲ. 기존 사례들의 문제점 검토
1. 예산의 부족과 전문가 확보 미비
2. 한류 중심의 편향적 사업 계획
3. 장기적 전망이 부족한 사업 진행

Ⅳ. 한국어 세계화 사업의 개선 방안
1. 예산 확보를 위한 대책 마련
2. 한류 중심의 사업 추진 방안 마련
3. 한국어 세계화를 위한 장기적 전망 예측 및 사업 진행

(결론)
Ⅴ. '한국어 세계화 사업'의 발전을 위한 개선 방안 요약 및 제언

연습 문제 2

다음 제시된 개요의 문제점을 이야기해 보자.

보고서 주제: 한국의 대표 음식, 김치

1. 김치 소개 및 특징

2. 김치의 종류
   2.1. 주재료에 따른 김치의 종류

3. 김치의 역사와 변화
   3.1. 김치의 역사
   3.2. 김치는 끊임없이 변화해 왔고, 새로운 음식으로 탄생하고 있다.

4. 김치는 어느 음식과도 잘 어울리므로 앞으로의 변화도 기대된다.

연습 문제 3

아래는 '고령화 사회의 문제점과 해결 방안'에 대한 글의 본론을 쓰기 위해 관련 글감을 수집한 것이다. 다음 내용을 비슷한 성격의 것끼리 묶어 내용을 분류해 보자. 분류한 내용으로 위계를 설정하고, 내용을 배열해 본론 개요를 작성해 보자.

주제: 고령화 사회의 문제점과 해결 방안
① 평균 수명의 연장 ② 경제 활동 인구 감소 ③ 출산 장려를 위한 정부의 대책 마련 ④ 의학 기술의 발달 ⑤ 고령 인구 부양 비용의 증가 ⑥ 사회 보장 내용 및 의료비 증가 ⑦ 고령화 사회의 원인 ⑧ 퇴직 시기의 연장으로 노년층에게 노동의 기회 부여 ⑨ 출산율 저하

7.2. 목차 작성

개요는 글을 쓰기 위한 계획으로 글을 쓰면서 방향을 잃지 않게 하는 설계도의 역할을 한다. 목차는 글 전체 내용이 어떤 순서로 어떻게 구성되어 있는지 보여주는 것으로 곧 글의 체계이다. 개요는 필자가 글을 잘 쓰기 위해 작성하는 것이라면 목차는 독자에게 글의 체계를 보여주기 위해 작성하는 것이라고 할 수 있다.

목차의 구성은 학술적 글쓰기의 종류에 따라, 학술 공동체의 성격에 따라 방식이 다르지만 대개 '서론, 선행 연구, 이론적 배경, 연구 대상, 연구 방법, 연구 결과, 결론' 등으로 구성된다. 비교적 좁은 범위를 대상으로 쓴 소논문 등은 서론에 선행 연구나 이론적 배경 등을 언급하기도 한다.

◆ 목차 구성

1. 서론	1. 서론
2. 선행 연구 / 이론적 배경	2. 이론적 배경 / 가설
3. 연구 대상 및 방법	3. 설계
4. 연구 결과 / 본론	4. 결과
5. 결론	5. 마무리

목차를 구성할 때는 각 장, 절, 항, 목 등 표제에 따라 부호를 일정한 규칙에 맞게 체계적으로 붙여 주어야 한다. 보통 아라비아 숫자로 쓰거나 로마 숫자와 아라비아 숫자를 섞어 쓰는 번호식 방법과 숫자와 문자를 조합한 방법 등이 있는데 학문 공동체에 따라 형식이나 규칙이 다르므로 형식을 확인한 후 형식에 맞게 작성해야 한다.

◆ 목차 형식

번호식 ① (아라비아 숫자)	번호식 ② (로마 숫자+아라비아숫자)	문자와 번호 조합식
1. 서론	Ⅰ. 서론	Ⅰ. 서론
2.	Ⅱ.	Ⅱ.
2.1.	1.	A.
2.2.	2.	B.
3.	Ⅲ.	Ⅲ.
3.1.	1.	A.
3.1.1.	1.1.	1.
3.1.2.	1.2.	2.
3.2.	2.	B
3.2.1.	2.1.	1.
3.2.2.	2.2.	2.
3.2.3.	2.3.	3.
4. 결론	Ⅳ. 결론	Ⅳ. 결론
참고 문헌	참고 문헌	참고 문헌
ABSTRACT	ABSTRACT	ABSTRACT

글에 담긴 모든 내용을 목차에 표시해야 하는 것은 아니다. 층위가 낮은 제목까지 모두 나타내면 자칫 목차가 장황해질 수 있다.

◆ 내용 순서와 목차

<table>
<tr><th>내용 순서</th><th>목차</th></tr>
<tr><td>국어 방언 정도부사 연구

1. 들머리
2. 연구 방법 및 자료
3. 방언 정도부사
3.1. 방언 정도부사 변이형
3.1.1. 되게
3.1.2. 많이
3.1.3. 아주
3.1.4. 조금
3.1.5. 그렇게
3.2. 방언 정도부사 어휘
3.2.1. 동남방언 정도부사
1) 억수로
2) 억시기
3) 짜드러(짜다라)
4) 어북
5) 선낫/서나
6) 수안
7) 에나
8) 상구
9) 태배기
10) 허들시리
11) 수태기
3.2.2. 서남방언 정도부사
1) 겁나게
2) 허벌나게
3) 징허게/징하게
4) 솔찮이
5) 흡신/흠벅
6) 나수/나수이
3.2.3. 제주방언 정도부사
1) 하영
2) ᄒᆞᆫ쏠/ᄒᆞᆫ끔
3) 폭싹
4) 막
5) 흡치
6) 잘도
4. 결론</td><td>국어 방언 정도부사 연구

1. 들머리
2. 연구 방법 및 자료
3. 방언 정도부사
3.1. 방언 정도부사 변이형
3.2. 방언 정도부사 어휘
4. 결론</td></tr>
</table>

임규홍(2005), 「국어 방언 정도부사 연구」, 『언어과학연구』 34, 언어과학회, 237-272.

길잡이 1. 핵심어로 목차 만들기

- 목차는 논의 내용의 핵심을 압축적으로 표현해야 한다. 예를 들어 '이력서 사진으로는 직무 능력을 평가할 수 없다.'와 같은 내용은 '직무 능력 평가 불가능'과 같이 표현할 수 있다.
- 상위 제목은 하위의 내용들을 포괄할 수 있어야 한다. 예를 들어 '불투명한 실효성', '고용 차별의 가능성'은 '이력서 사진 부착 문제'와 같은 상위 제목으로 표현할 수 있다.

문장 개요	목차
1. 서론 - 기업의 90% 이상이 이력서에 사진을 부착하는 것을 필수 요건으로 하고 있다. - 이력서에 부착한 사진은 지원자를 평가하는 기준이 될 수 있다.	1. 서론
2. 본론 2.1. 이력서 사진은 실제적인 역할이 없다. 2.1.1. 신분 확인은 다른 서류를 통해 충분히 할 수 있다. 2.1.2. 이력서 사진으로는 직무 능력을 평가할 수 없다. 2.2. 이력서 사진은 고용 차별의 원인이 된다.	2. 이력서 사진 부착 문제 2.1. 불투명한 실효성 2.1.1. 신분 확인 방법 다양화 2.1.2. 직무 능력 평가 불가능 2.2. 고용 차별의 가능성
3. 결론 - 이력서의 사진 부착은 실효성이 없고, 고용 차별의 가능성이 있으므로 금지해야 한다.	3. 결론

- 개요에서 항목을 나누어 작성했더라도 그 내용이 간단하고 묶을 수 있는 내용이라면 하나의 목차 항목으로 구성할 수 있다. 목차의 제목은 두 항목을 엮어 표현할 수 있다. 이때 주로 '및'을 사용한다.

화제 개요	목차
2. 담화 문법 교육 2.1. 교육 현황 2.2. 교육 내용 2.3. 교육 방법	2. 담화 문법 교육 2.1. 교육 현황 2.2. 교육 내용 및 방법

학습 활동

1. 자신의 전공 관련 박사 학위 논문 1편을 찾아 실제 내용 순서와 목차 순서를 정리해 보자.

2. 자신의 전공과 관련한 2,000자 내외의 학술 에세이를 계획해 보고 개요(문장 개요)를 작성해 보자.

3. 완성한 개요를 토대로 목차를 구성해 보자.

8. 학술 자료의 활용

이 장에서는 관련 자료를 탐색하고 분석하는 방법, 관련 자료를 자신의 논의에 활용하는 방법을 살펴보도록 한다. 아울러 글의 내용을 효과적으로 드러내기 위해 활용할 수 있는 시각적 자료에 대해서도 알아본다.

8.1. 자료의 탐색 및 분석

학술적인 글쓰기 특히 보고서나 논문을 쓸 때 관련 자료를 찾아 활용해야 하는 것은 알고 있을 것이다. 하지만 자료를 탐색하고 분석하는 방법, 즉 학술 자료는 어떤 것들이 있는지, 그 자료들은 어떻게 찾아야 하는지 등에 대해서는 생소하여 시작하기가 막막할 것이다.

(1) 자료의 종류

학술적인 글쓰기를 할 때 살펴보아야 하는 관련 자료에는 어떤 것들이 있을까? 가장 대표적인 자료는 학술 논문, 학위 논문, 단행본, 보고서 등과 같은 '문헌' 자료이다. 또 사진이나 그림, 영상이나 음성과 같은 '시청각 자료'도 있다. 그 외에도 통계, 도표 등 다양한 형태의 자료들이 있다.

◆ 자료의 종류

문헌	시청각 자료	기타
학술 논문, 학위 논문, 단행본, 보고서, 신문, 잡지 등	사진, 그림, 영상, 음성 등	통계, 도표, 다양한 형태의 자료

길잡이 1. 자료 선정 기준

1. 정확성: 거짓이나 오류가 없고, 사실임이 확실하게 검증된 자료를 선택해야 한다.
2. 객관성: 왜곡되지 않고 과장되지 않은 자료를 선택해야 한다.
3. 구체성: 통계 자료와 관련 사례 등이 상세하면서도 풍부하게 제시되어 있는 자료를 선택해야 한다.
4. 대표성: 많은 대상을 포함하고 있거나 대상의 특성을 가장 잘 드러내 주는 자료를 선택해야 한다.
5. 신뢰성: 출처가 확실하면서도 전문적인 주체에 의해 작성된 자료를 선택해야 한다.

(2) 자료 탐색 방법

① 도서관 및 전자 도서관 이용하기

문헌, 시청각, 통계 자료 등은 어디서 어떻게 찾을 수 있을까? 학술적인 글쓰기를 시작하는 대학생이 쉽게 접할 수 있는 곳은 바로 대학 도서관이다. 대학 도서관은 단행본, 학위 논문 등 다양한 자료를 소장하고 있다. 도서관을 이용할 때 도서관의 자료 분류 체계를 알고 있으면 자신이 찾고자 하는 분야의 책에 쉽게 접근할 수 있다. 대부분의 도서관들은 국제적으로 통용되는 듀이십진분류표(DDC)나 이를 바탕으로 한국 도서의 실정에 맞게 분류한 한국십진분류표(KDC)를 기준으로 도서를 분류하고 있다.

길잡이 2. 알아두면 유용한 도서 분류 기준: 한국십진분류표(KDC)

- 총류(000): 서지학, 도서관, 정보학, 백과사전, 출판, 총서 등
- 철학(100): 형이상학, 인식론, 심리학, 논리학, 윤리학, 동서양 철학 등
- 종교(200): 종교, 종교사, 신학, 사회신학, 자연종교, 기독교, 불교 등
- 사회과학(300): 사회학, 통계학, 정치학, 경제학, 법학, 행정학, 교육학 등
- 자연과학(400): 수학, 천문학, 물리학, 화학, 지구과학, 생물학 등
- 기술·응용과학(500): 공학, 농학, 가정학, 경영학, 회계학, 제조공업 등
- 예술(600): 예술이론, 건축술, 조각, 회화, 사진, 음악, 오락, 스포츠 등
- 언어(700): 일반언어, 한국어, 일본어, 중국어, 영어, 독일어, 프랑스어 등
- 문학(800): 문학이론, 한국문학, 일본문학, 중국문학, 영미문학 등
- 역사(900): 역사이론, 지리, 여행, 전기(傳記), 한국사, 동양사, 서양사 등

대학 도서관에 소장되어 있지 않은 자료는 원문 복사 서비스나 상호 대차 서비스(타기관 대출)를 이용할 수 있다. 원문 복사 서비스는 대학 도서관에 소장되어 있지 않은 학술 자료를 국내외 소장 기관에 복사 의뢰하여 제공받는 서비스이다. 소장 기관을 방문하지 않고도 타기관에서 해당 대학 도서관으로 전송된 자료를 일정 비용을 지불한 후 본교 도서관에서 수령할 수 있다. 상호 대차 서비스는 소장하고 있지 않은 단행본 도서를 협력 기관에 요청하여 대출받을 수 있는 서비스이다. 단행본은 물론 타학교의 학위 논문도 상호 대차 서비스를 통해 빌려 볼 수 있다. 원문 복사나 상호 대차 서비스는 도서관 누리집(홈페이지)에서 신청할 수 있다.

대학 도서관에서 구할 수 없는 자료는 국가전자도서관, 국립 중앙도서관, 국회 도서관 등의 전자 도서관에서 검색하거나 확인할 수 있다. 대학 도서관의 누리집(홈페이지)에 로그인하면 연동되어 있는 사이트가 많이 있어 다양한 자료를 볼 수 있다. 전자 도서관의 일부 자료는 원문 보기도 가능하다.

길잡이 3. 전자 도서관

- 국가전자도서관(www.dlibrary.go.kr)
- 국립 중앙도서관(www.nl.go.kr)
- 국회도서관(www.nanet.go.kr)

② 학술 정보 제공 사이트 활용하기

학술 논문은 학술 정보 제공 사이트를 통해 찾아볼 수 있다. 학술 정보 제공 사이트에서는 정확도순, 인기도순, 연도순과 같은 조건에 따라 검색할 수도 있고, 저자, 발행 연도, 주제 등과 같은 정보를 입력하는 상세 검색도 할 수 있다. 학술 정보 제공 사이트는 도서관과의 협약에 따라 도서관 누리집(홈페이지)을 통해서 접속해야 원문 보기를 할 수 있다.

길잡이 4. 학술 정보 제공 사이트

- 한국학술정보(www.kiss.kstudy.com)
- 누리미디어(www.dbpia.co.kr)
- 한국교육학술정보원(www.riss.kr)
- 한국과학기술정보연구원(scienceon.kisti.re.kr)
- 구글 학술 검색(scholar.google.co.kr)

길잡이 5. 학술 정보 제공 사이트에서 자료 찾는 방법

1) 대학 및 공공 도서관 홈페이지에 접속하여 로그인하기
2) 학술 정보 제공 사이트(RISS, KISS, DBPIA 등)에 접속하기
3) 학술 논문 등을 검색하여 원문 보기

③ 통계 자료 사이트 활용하기

공신력 있는 기관에서 발표한 통계 자료는 주장을 뒷받침하는 중요한 근거가 될 수 있다. 따라서 통계 자료를 활용할 때에는 먼저 통계 자료가 신뢰할 수 있는지를 염두에 두어야 한다. 더불어 통계 자료가 어떤 과정을 거쳐서 만들어진 것인지, 어떤 목적에서 만든

것인지 충분히 검토한 후에 활용해야 한다.

길잡이 6. 통계 자료 제공 사이트

- 국가통계포털(kosis.kr)
- 통계청(kostat.go.kr)
- 한국개발연구원(www.kdi.re.kr)
- 에너지관리공단(www.energy.or.kr)
- 한국사회과학자료원(kossda.snu.ac.kr)
- 대학알리미(www.academyinfo.go.kr)

연습 문제 1

학교 도서관에서 자신의 전공 분야 도서가 있는 곳을 찾아 층수와 도서 분류 항목, 번호를 써 보자.

연습 문제 2

우리 대학 도서관에 누리집(홈페이지)에 접속해서 로그인을 하고, 다음 논문을 찾아 정확한 서지 사항을 써 보자.

- 언어 소멸 양상 연구 -진주 지역을 중심으로-
- 재정적 박탈감이 희소한 제품의 구매의도에 미치는 효과: 가격할인과 메시지 프레이밍의 조절효과를 중심으로
- 기후변화와 생태계교란야생식물로 인한 생물 다양성의 붕괴
- 코로나19 위기 이후 일자리 변화와 건설산업 대응 방향
- MBTI 성격 유형에 따른 사랑의 구성요소와 사랑 유형

연습 문제 3

다음 주제 중 하나를 골라 관련 자료를 3건 이상 찾아 서지사항을 써 보자.

저출산 문제	인공 지능 면접	병역 특례 제도

(3) 자료 분석

관련 자료를 찾은 후에는 그 가운데 자신의 논의에 도움이 되는 것들을 추려야 한다. 가능한 한 많은 자료를 탐색한 후에 가치 있는 자료를 선별하는 것이 중요하다. 자료를 선별한 후에는 그 자료들을 분석하여 자기 의견으로 통합하거나 비판적으로 수용해야 한다. 관련 자료를 분석하여 그 자료가 주제를 구체화하는 데 도움을 주는 자료인지, 논지가 같아 주장을 강화할 수 있는 자료인지, 다른 논지로 반론을 해야 하는 자료인지 등을 살펴보아야 한다. 여러 자료들을 자신의 글과 관련하여 분석하는 과정을 통해 주제를 구체화하고 주장에 대한 근거를 확보할 수 있다. 또 논리적 결함을 발견할 수도 있다.

각 자료를 분석했다면 그 자료를 뒷받침 근거, 반론 자료, 예외 사례 등과 같이 글에서 구체적으로 어떻게 활용할 것인지 판단해야 한다. 이렇게 자료들을 분석하여 분류하였더라도 글을 쓰는 과정에서 관련 자료들이 더 필요할 수 있다. 부족한 자료들은 글을 쓰는 전 과정에서 필요에 따라 보강해 나가야 한다.

길잡이 7. 자료 분류하기

배경 자료	주제에 대한 일반적이고 기초적인 정보를 제공하는 것으로, 맥락을 제공하기 위한 자료들이다.
이론 자료	이론적 체계, 포괄적 개념, 연구 방법론과 관련한 것으로, 연구자가 채택한 이론과 방법에 대한 참고 논지들이다.
논증 자료	연구자의 질문을 둘러싼 학자들의 연구, 다른 학자들의 논문과 저서 등의 자료들이다.
증거 자료	연구자가 분석하고자 하는 사물·사례들로, 필자의 논증 근거로 사용되는 문서, 데이터, 관찰 기록, 시각적 이미지 등의 자료들이다.

연습 문제 4

자신의 전공과 관련한 주제를 정하고 학술 자료를 10건 이상 찾아 '배경 자료, 이론 자료, 논증 자료, 증거 자료'로 분류해 보자.

8.2. 시각 자료의 이용

시각 자료는 글의 내용과 관련된 수치나 정보를 표, 그래프, 그림 등으로 시각화한 자료를 말한다. 시각 자료는 방대하거나 복잡한 수치 등을 한눈에 파악할 수 있어 그 내용을 효과적으로 전달할 수 있다. 특히 사회 과학 계열의 보고서나 논문에서 구체적인 수치로 나타난 통계 자료를 제시하거나 자연 과학 계열의 보고서나 논문에서 실험 결과 자료를 제시할 때에는 통계, 도표 등이 효과적이다.

예시 1

▶ **그림(구조도)**

국제연합식량농업기구(FAO)는 전세계 인구가 2050년까지 90억 명까지 증가할 것으로 예상되며, 그에 따른 육류 소비량도 현재 304만 톤 수준에서 매년 1.3%씩 증가하여 2050년에는 455만 톤에 이를 것으로 예측하고 있다(FAO, 2012). 한국농촌경제연구원(2020)에서 발표한 보고서에 따르면 한국의 1인당 육류 소비량은 2000년 31.9kg에서 2019년 54.6kg으로 71% 급증하였다. 그러나 육류 소비량이 크게 증가하면서 가축 수 1천억 마리에 이르는 축산업으로부터 발생할 수 있는 환경오염, 동물복지 및 윤리성에 대한 문제 또한 지속되고 있다. 이에 따라 2010년대 이후부터 식물 기반 대체 단백질 식품을 중심으로 식육 대체식품의 개발이 활발해지고 있으며(Lee and Cho, 2019), 과학기술의 발전과 자금의 투자가 증가하면서 새로운 식품원료로서 대체단백질식품의 시장이 크게 성장하고 있다(그림 1).

그림 1. 대체단백질 시장의 성장 요인 (박미성 외, 2020)

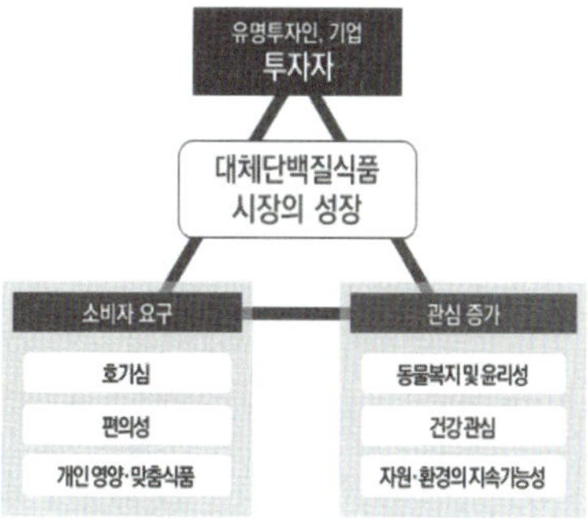

혜민 외(2021), 「배양육 기술 개발 현황 및 안전에 대한 문제」, 『축산식품과학과 산업』 10-1, 한국축산식품학회, 81.

예시 2

▶ **표**

표본 연구에서 설정한 연구문제1은 각 세대별로 MZ세대가 가지고 있는 커뮤니케이션 특성(새로운 디지털 기술의 능숙성, 문제해결능력, 공정 및 가치관, 도전의식, 새로운 콘텐츠에 대한 선호도) 차원에서 실제로 차이가 있는가를 살펴보는 것이다. 이를 위해 1946년생부터 2010년생에 이르기까지를 대상으로 ARS 조사를 실시했다. 본 연구에 참여한 응답자들의 인구통계학적 특성은 아래의 <표 1>과 같다.

<표 1> 응답자들의 인구통계학적 특징

인구통계학적 특성 유형	구체적인 구분	응답자수
나이(세대)	베이비붐세대(1946~1964년생)	50
	X세대(1965~1978년생)	50
	밀레니얼세대(1979~1995년생)	50
	Z세대(1996~2010년생)	50
성별	남성	141
	여성	59

손정희 외(2021), 「MZ세대의 커뮤니케이션 고유 특성에 대한 각 세대별 반응 연구 -MZ세대, X세대, 베이비붐세대를 중심으로-」, 『커뮤니케이션 디자인학연구』 77, 커뮤니케이션디자인학회, 208.

예시 3

▶ 그래프

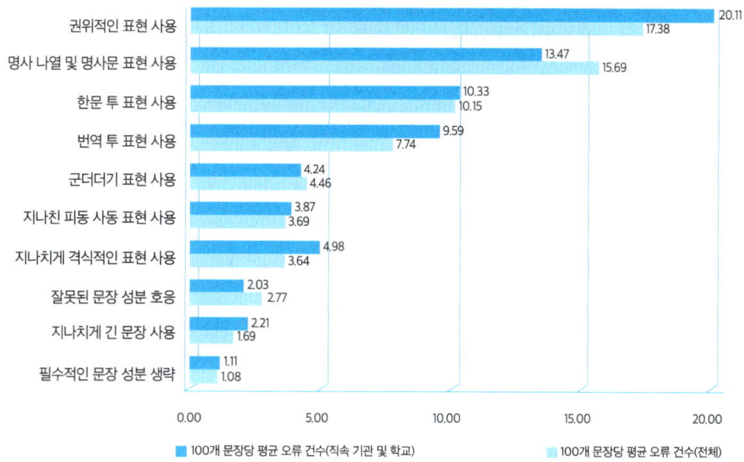

<그래프 40> 직속 기관 및 학교 공고문의 100개 문장당 '문장 층위' 오류 유형별 발생 건수

<그래프 40>은 직속 기관 및 학교 공고문의 100개 문장당 문장 층위 오류 유형별 발생 건수를 보인 것이다. 전체 공고문에서 나타나는 100개 문장당 문장 층위 오류 유형별 발생 건수를 함께 제시하여 직속 기관 및 학교의 수치와 비교할 수 있도록 하였다. 전체 공고문과 비교했을 때 직속 기관 및 학교의 공고문은 '권위적인 표현 사용', '한문 투 표현 사용', '번역 투 표현 사용', '지나치게 격식적인 표현 사용', '지나치게 긴 문장 사용'의 발생 건수가 높게 나타나고, '명사 나열 및 명사문 표현 사용', '군더더기 표현 사용', '잘못된 문장 성분 호응'의 발생 건수는 낮게 나타난다.

경상국립대학교 국어문화원(2021), 『경상남도교육청 공공 언어 사용 실태 조사』, 102.

시각 자료별로 그 특성이 있다. 표는 데이터 전체를 있는 그대로 정확하게 제시할 수 있고, 그래프는 데이터에서 중요한 부분을 부각하거나 데이터 간의 상관관계, 데이터의 경향성, 변화 추이 등을 보여 줄 수 있으며, 구조도는 그 구성을 한눈에 파악할 수 있다. 이렇게 각 시각 자료의 특성을 파악한 후 글의 목적, 데이터의 성격 등을 잘 드러낼 수 있는 시각 자료를 선택하여 제시해야 한다.

길잡이 8. 시각 자료의 제목

시각 자료를 활용할 때에는 시각 자료의 제목을 달아야 한다. 학술 공동체에 따라 시각 자료의 위치, 정렬 방법, 형식이 다르다. 시각 자료의 위나 아래에 쓰며, 가운데, 왼쪽, 오른쪽 정렬로 배치한다. 형식은 '<그림1>, [표 1], (그래프 1)' 등과 같이 괄호를 사용하기도 하고, 괄호 없이 '그림 1', '표 1.' 등과 같이 쓰기도 한다.

길잡이 9. 표와 그래프 비교

표	• 표는 복잡하고 장황한 자료를 이해하기 쉽게 정리하는 도구이다. • 표의 장점은 글보다 간결하면서도 그래프보다 정확하다는 점이다. • 표는 통계 자료나 실험 결과의 많은 양의 데이터를 정확한 수치로 제시하면서도 한 번에 정확하게 전달한다. • 양과 수치를 비교하거나 특징적인 부분을 파악해야 할 때 표를 이용하면 효과적이다.
그래프	• 그래프는 표에서 파악하기 힘든 데이터의 경향성, 동향, 추이, 분포, 주기 등을 한눈에 파악하게 해 준다. • 복잡하고 어렵게 기술된 내용도 그래프를 함께 제시하면 특성을 쉽게 파악할 수 있고, 항목을 쉽게 비교할 수 있다. • 막대 그래프(bar graph), 선 그래프(line graph), 원 그래프(pie graph), 점 그래프(scatter plot) 등이 있다.

길잡이 10. 그래프 만들 때 유의할 점

1. 자료의 특성을 고려하여 가장 적절한 그래프를 선택한다.
2. 데이터를 왜곡, 과장, 위조하지 않도록 주의한다.
3. 수치 등을 정확하게 표시한다.
4. 화려한 효과보다는 한눈에 이해할 수 있도록 한다.
5. 관련된 표나 설명과 연결되는 자리에 그래프를 배치한다.
6. 그래프의 번호와 제목을 달아 제시한다.

연습 문제 5

그래프의 종류(막대 그래프, 점 그래프, 원 그래프 등)와 각 특성을 살펴보고 활용 방법을 표로 정리해 보자.

학습 활동

1. 자신의 전공과 관련된 대표적인 국내외 학술 저널을 5개 이상 찾아보자.

2. 자신의 전공과 관련한 학술 논문, 학술 보고서에서 시각 자료(그림, 표, 그래프 등)를 찾아보고, 시각 자료의 제목, 본문 내용과의 연관성 등을 살펴보자.

3. 다음은 『경상남도 공공 언어 사용 실태 조사 보고서』(2021)의 일부 내용을 가공한 것이다. 내용을 읽어 보고 어떤 시각 자료로 제시하는 것이 좋을지 생각해 보고 구성해 보자.

> 경상남도청 '기획조정실' 보도 자료에서 '어휘·표현' 층위의 오류 유형별 100어절당 발생 건수와 경상남도청의 실국 전체 보도 자료에서의 100어절당 발생 건수를 비교해 보면 '부적절한 어휘'는 '기획조정실' 보도 자료에서 100어절당 약 0.24개가 나타나서 분석 대상 전체 보도 자료보다 2배가 많다. '군더더기 표현'도 '기획조정실' 보도 자료에서 100어절당 약 0.09개가 나타나서, 분석 대상 전체 보도 자료보다 0.02개 더 많다. 반면에 '지나친 줄임말'은 '기획조정실' 보도 자료에서 100어절당 약 0.09개가 나타나서 분석 대상 전체 보도 자료보다 0.2개 적게 나타난다. '외국 문자 노출'은 분석 대상 전체 보도 자료에서 100어절당 약 0.23개가 나타나지만 '기획조정실' 보도 자료에서는 100어절당 약 0.05개가 나타난다.

9. 논증하기

학술적 글쓰기는 논리적으로 자신의 의견을 펼치는 것이다. 이 장에서는 논리적으로 주장하기 위해 알아야 하는 논증의 기본적 구조와 논증의 방법을 살펴보도록 한다.

9.1. 논증의 개념과 구조

논증은 주장의 타당성을 논리적으로 증명하는 것이다. 논리적이라는 것은 필자의 주장이 이유와 근거로 타당하게 증명된다는 것을 뜻한다. 그러므로 논증은 기본적으로 '주장-이유-근거'로 구성된다.

주장은 곧 논증의 목적이며, 이유는 이를 뒷받침하는 타당한 진술 대부분을 일컫는다. 그리고 주장과 이유를 뒷받침하는 명확하고 객관적인 자료들은 근거라고 한다. 이때 그 밑바탕에 있는 전제는 주장과 이유·근거를 논리적으로 이어주는 보편적인 원칙을 뜻한다.

◆ **논증의 기본 구조**

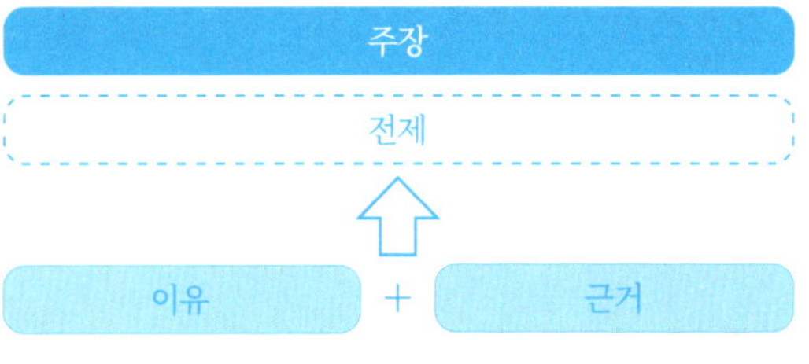

길잡이 1. 논증은 언제, 어디에 활용할까?

- 일상에서 자신의 생각을 주장할 때
- 자기 소개서에서 '나'의 쓰임새를 증명할 때
- 회사에서 새로운 사업을 제안하거나 다른 회사에 투자를 요청할 때
- 재판에서 유죄 또는 무죄를 증명할 때
- 정부에서 정책의 시행 여부를 논의하거나 예산을 요청할 때

9.2. 논증의 방법

(1) 주장하기

주장은 논증에서 가장 중요한 요소로, 주장이 곧 논증의 목적이다. 논증에서 주장은 그 성격에 따라 사실의 진위 여부나 가치관일 수도 있고 특정 정책의 시행 여부가 될 수도 있다.

어떤 성격의 주장이든 타당한 주장이 되기 위해서는 명확한 입장이 드러나야 하며, 분명한 근거로 증명할 수 있는 내용이어야 한다. 누구나 동의하여 논쟁의 여지가 없는 것은 주장으로서 가치가 없다. 반면, 창의적이고 새로운 주장일지라도 보편적으로 용인될 수 있어야 하며, 윤리적으로 어긋남이 없어야 한다. 또한 행동이나 정책을 촉구할 경우에는 실제적으로 구현해 낼 수 있어야 한다.

◆ 주장의 유형

- 사실의 진위 여부를 주장하는 경우

  참, 거짓의 여부를 판별하는 것이 핵심이다. 무엇이 사실인지, 실제로 일어났는지의 여부 등 '사실'을 입증해야 하므로 누구나 인정할 수 있는 객관적인 근거가 필수적이다. 넓게는 가설 입증, 법정에서의 공방, 역사 공방 등 역시 이에 해당한다.

예) 사형제도는 재범률 감소에 효과적이다.
무역 보험은 수출 증진에 효과적이다.
스마트폰 의존도는 청소년 비행과 관계가 있다.

• **가치관을 주장하는 경우**

좋고 나쁨, 또는 옳고 그름을 판별하는 것이 핵심이다. 절대적인 가치라는 것은 없으므로 타당성보다 정당성을 입증하는 것이 중요하다. 이때 필수적으로 개입되는 필자의 가치 판단은 주관적이거나 추상적일 수 있으므로 명확한 개념 정의가 선행되어야 하며, 가치 사이의 충돌이나 모호함을 막기 위해 가치 판단의 기준을 명확하게 설정해야 한다.

예) 사형은 형벌로 바람직하지 않다.
문화예술인에게 병역 면제 혜택을 주는 것은 바람직하다.
SNS는 인간 관계를 풍요롭게 한다.

• **특정 정책의 시행 여부를 주장하는 경우**

문제 해결 가능성을 입증하는 것이 핵심이다. 그러므로 주장하는 방안의 문제 해결 가능성, 실현 가능성, 기대 효과 등이 중요한 근거로 필요하다. 객관적인 사실을 바탕으로 하지만 '사형 제도는 폐지되어야 한다', '동물을 대상으로 한 실험을 금지해야 한다'와 같이 가치관이 포함되는 경우가 많다.

예) 사형 제도는 폐지되어야 한다.
동물을 대상으로 한 실험을 금지해야 한다.
가상 자산과 과세법은 폐지되어야 한다.

길잡이 2. 효과적인 주장 방법

주장을 시작하기에 앞서, 주장을 하게 된 배경 또는 현재 우리가 직면한 실태, 필자의 주장과 반대되는 견해를 설명하면 효과적으로 논증을 시작할 수 있다. 예를 들어 탈원전을 주장하는 글이라면 최근 거론된 원전의 위험성이나 최근 심각해진 핵폐기물에 의한 환경 문제를 글의 서두에 제시할 수 있다. 이와 함께 탈원전에 반대하는 입장을 부정적인 관점에서 서술할 수 있다. 독자가 원전의 위험성과 단점을 먼저 접하도록 하여 원자력 발전소를 없애야 한다는 필자의 주장에 보다 유연하게 도달하게끔 하는 것이다.

연습 문제 1

다음의 주장들이 주장으로서 타당한지 생각해 보자.

- 열지수를 활용하면 현재보다 더 효과적으로 폭염에 대응할 수 있다.
- 교통사고율을 낮추려면 여성 운전자의 면허 시험 난이도를 높여야 한다.
- 비혼 출산을 법제화해야 한다.

(2) 이유와 근거 제시하기

'이유'는 주장에 대해 '왜냐하면 ~이기 때문이다'라는 형식으로 답할 수 있는 것으로 주장을 뒷받침하는 진술 대부분을 뜻한다. 이유는 객관적인 사실일 수도 있으나 필자의 의견일 수도 있다. 그렇기 때문에 독자를 설득하기 위해서는 더 객관적이고 명확한 자료로 이유를 뒷받침할 필요가 있다. 이때 객관적이고 명확한 자료 또는 사실이 '근거'이다.

한편, 근거는 논증에서 특별히 '논거'라고 하는데 사실 논거와 소견 논거, 선험 논거로 나눌 수 있다. 사실 논거는 있는 그대로의 사실적 근거, 소견 논거는 또 다른 '의견'으로 볼 수 있는 근거, 선험 논거는 주장을 미루어 짐작할 수 있게끔 하는 경험적 근거를 말한다.

◆ 논거의 유형

• 사실 논거

관찰·측정·실험·조사·답사 등의 결과, 통계 결과, 문헌의 기록, 직접적인 경험이나 실제 사례 등이 이에 해당한다. 실제 존재하는 대상이나 실제로 있었던 일, 과학적 검증이 가능한 자료 등이므로 글의 신뢰성을 높일 수 있어 어떤 유형의 주장을 하든 필수적으로 활용된다.

예시 1

문자의 형태와 의미가 개별적인 언어 단위가 아닌 여러 언어 단위들의 결합 또는 배열되는 방식으로 나타나는 것이다. 합성어의 구성 요소를 통해서 합성어의 의미를 유추할 수 있듯이 하나의 문자를 이루는 글자들의 관계를 통해서 전체 의미를 이해하게 된다.

예를 들어 쐐기문자에서 '먹다'라는 뜻을 가진 글자는 '입'을 나타내는 글자와 '음식, 그릇'을 나타내는 글자의 결합으로 이루어진다. 마찬가지로 '여자 노예'를 가리키는 문자는 '여자'를 나타내는 문자와 '노예'를 나타내는 문자가 결합해 생겨난다. 이 같은 문자 합성의 원리는 이집트 문자, 히타이트 문자, 한자, 마야 문자 등 많은 문자 체계에서 발견된다. 페니키아 문자 ⊗가 ○와 ×의 결합이라는 사실을 이해하는 것도 문자 합성에 의한 도상성의 결과라고 볼 수 있다.

연규동(2019), 「문자의 도상성과 훈민정음」, 『한글』 80-1, 한글학회, 44.

예시 2

환경오염 지표 외에 본 연구의 실증분석에 반영된 개인의 경제, 인구·사회학적 지표들의 분석결과는 다음과 같다. 경제적 상황을 대표하는 변수인 1인당 연간 실질소득의 계수는 모든 모형에서 1% 유의수준에서 유의한 양의 값을 나타내었으며, 1인당 연간 실질소득의 제곱항/100의 계수는 1% 유의수준에서 유의한 음의 값을 나타내었다. 이는 소득이 높아질수록 생활만족도 수준도 높아지나, 이러한 증가폭이 점점 낮아진다는 것이다. 달리 말하면 소득이 높아질수록 생활만족도의 결정에 미치는 비소득적 측면의 영향이 증가하고 있다고 해석할 수 있다. 이와 같은 결과는 이스털린의 역설이 주장하는 바와 같은 맥락이다.

김수정(2016), 「한국의 수질오염이 생활만족도에 미치는 영향에 대한 분석」, 『환경영향평가』 109, 한국환경영향평가학회, 137.

• 소견 논거

전문가의 의견, 타당하다고 입증된 기존의 견해, 목격자나 경험자의 증언, 설문 조사나 여론 조사의 결과가 이에 해당한다. 서로 다른 시각을 드러내는 견해들 속에서 필자의 주장을 강화하거나, 필자와 같은 다수의 의견을 제시하여 설득력을 높일 때에 소견 논거를 활용할 수 있다. 실제적이고 생동감 있는 근거로서 효과적인 논증이 가능하나, 주관적 견해가 반영되어 있을 수 있으므로 그 타당성을 면밀하게 검증해야 한다. 또한 대상에 대한 여러 전문가의 다양한 의견 또는 해석이 있을 수 있기 때문에 특정 의견을 논거로 선택하고 설명하는 데에 주의를 기울여야 한다.

예시 3

한국어 문법 연구에서 주격 조사 '이/가'는 명사구의 문법기능만을 표시하는 것이 아니라 일정한 의미·화용적 기능을 지닌다는 사실이 이미 오래 전부터 지적되어 왔던 바이다(임홍빈 1972, 신창순 1975, 홍재성 1990 남기심 1991 등). 그리고 이러한 논의는 더욱 발전되어 '이/가'를 부정 관사로 보려는 견해(목정수 1998가, 나), '선택 지정'의 의미를 지니는 보조사로 보려는 견해(고석주 2001), 화용격으로 보려는 견해(한정한 1999)까지 등장하게 되었다.

김민국(2016), 「한국어 주어의 격표지 연구」, 연세대학교대학원 박사학위논문, 114.

예시 4

연구참여자들은 재난 이후, 한 개인이 아닌 '세월호 유가족'이라는 집단으로서의 정체성을 강하게 부여받게 되었고, 그 결과, 개인의 행동은 마치 유가족 모두의 행동인 것처럼 여겨지게 되었다. 특히 연구참여자들은 과격한 행동이나 시비가 붙는 상황에서 주변 사람들이 유가족 한 개인의 반응을 유가족 전체 집단의 반응과 동일시하며, 자신의 행동을 근거로 유가족 전체에 대한 평가를 내리는 것을 경험하였다. 자신의 행동을 개인이 아닌 '세월호 유가족'의 행동으로 받아들이는 주변의 인식은 한 개인으로서 느끼는 감정과 행동에 대한 검열로 이어지게 되었으며, 연구참여자들은 일상생활에서 기존의 '자신'이 사라지고 '유가족'으로서만 존재하는 것처럼 느끼게 되었다.

"어딜 가든 (세월호 유가족이라는) 이 주홍글씨는 지워지지는 않겠구나. 그리고 유가족이 되게 인원이 많잖아요. 학생만 해도 250명인데. 얼마나 많이 다양한 사람들이 있겠어요. 그 중에 한 사람이 뭔가를 돌출 행동을 하거나 수준에 안 맞는 행동을 하거나, 과격행동을 했건. 모든 게 다 통으로 저희들이 이제 평가가 되는 거죠. 유가족이 불평이 너무 많다든지 이런 식으로. 어떻게 보면 문제아죠. 문제아로 낙인이 찍힌 거죠."(연구참여자 9)

권욱현 외(2021), 「재난 유가족의 낙인경험 탐색: 낙인사회인지모델을 적용하여 세월호 재난 5년 시점에서의 가족협의회 유가족을 대상으로」, 『한국심리학회지: 상담 및 심리치료』 33-2, 한국심리학회, 805.

• **선험 논거**

보편적인 윤리, 상식, 또는 유사한 조건의 다른 사례 등이 이에 해당한다. 존재 자체가 근거이므로 실험 등으로 증명하지 않아도 된다.

예시 5

유튜브 플랫폼이 사용자 제작 콘텐츠를 통해 성장하면서 유튜버(Youtuber)/인플루언서(Influencer) 등 새로운 직업군을 창출한 것처럼, 메타버스 플랫폼에서도 사용자의 직접 참여를 통한 새로운 변화와 기회가 기대된다.

한상열(2021), 「메타버스 플랫폼 현황과 전망」, 『Future Horizon』 49, 과학기술정책연구원, 23.

세 논거의 특성에 차이가 큰 만큼 이들을 적절히 활용하면 다양한 측면에서 주장을 뒷받침할 수 있으므로 효과적인 논증을 할 수 있다. 성공적인 논증은 탄탄한 논거에서 비롯되므로 양질의 논거를 다양하게 확보하는 것이 중요하다.

◆ 논증의 실제

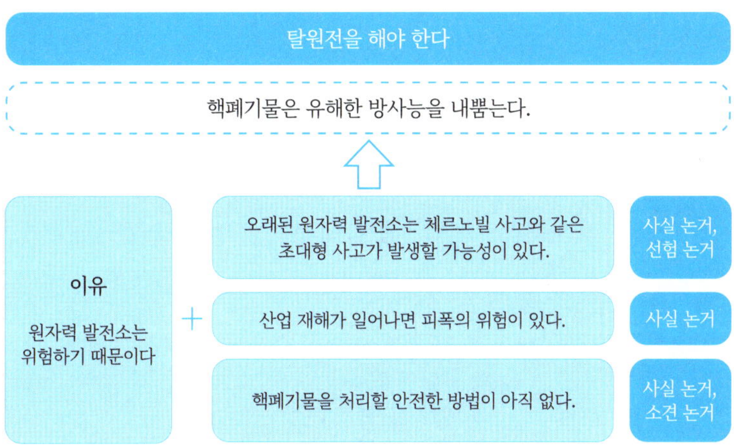

길잡이 3. 논거로 사용할 수 있는 자료

- 실제 사건
- 역사적 자료, 신문, 작품 원문 등의 1차 자료
- 보편적인 윤리 원칙 및 과학 이론
- 학술지에 게재된 논문

- 정부, 공공 기관 등의 보고서(연례보고서, 정책보고서, 연구보고서)
- 공신력 있는 매체의 보도자료
- 관찰·측정·실험·조사·답사 결과
- 전문가의 인터뷰 내용, 관계자의 증언
- 설문·여론 조사 결과

연습 문제 2

다음의 주장들에 대한 이유를 생각해 보자. 그리고 주장과 이유를 뒷받침하기 위해 어떤 논거를 활용하는 것이 효과적일지 생각해 보자.

- 시내 운전 제한 속도 하향 조정은 교통사고 발생을 감소시킨다.
  시내 운전 제한 속도 하향 조정은 교통사고 발생률에 영향을 끼치지 않는다.
- SNS는 인간 관계를 풍요롭게 한다.
  SNS는 인간 관계를 풍요롭게 하지 않는다.
- 동성 결혼을 법제화해야 한다.
  동성 결혼을 법제화하면 안 된다.

(3) 전제 활용하기

전제는 주장과 근거를 논리적으로 이어 주고 뒷받침해 주는 보편적인 원칙을 말한다. 보편적인 원칙이란 '영유권은 고유 영토권에 따른다'라는 국제 사회의 약속, '온실가스는 지구온난화를 가속화한다'라는 널리 입증된 사실, '자기결정권은 헌법에서 보장한다'라는 법률 내용, '생명은 최우선 가치이다'라는 인류 보편의 가치 등과 같은 것을 말한다.

많은 경우 가치나 통념, 문화가 반영되기 때문에 증명되지 않은 주관이 개입할 수 있으며, 시간의 흐름이나 사회의 변화에 따라 언제든 바뀔 수 있기 때문에 그것이 현시점에 절대 다수에게 보편적으로 인정되는 것인지 비판적으로 검토해야 한다. 과학적으로 널리 입증된 사실일지라도 과학의 발전과 환경 · 조건 등의 변동으로 항상 변화 가능성을 가짐을 유의해야 한다.

보편적 원칙이라는 전제의 특성 때문에 글 전면에 드러나지 않는 경우가 많으나, 글에 드러낼 경우 주장과 이유 · 근거 간의 논리적 타당성을 입증하는 데에 힘을 실을 수 있다. 그리고 전제 자체가 주장에 대한 확실한 근거가 되기도 한다.

◆ 겉으로 드러나는 전제

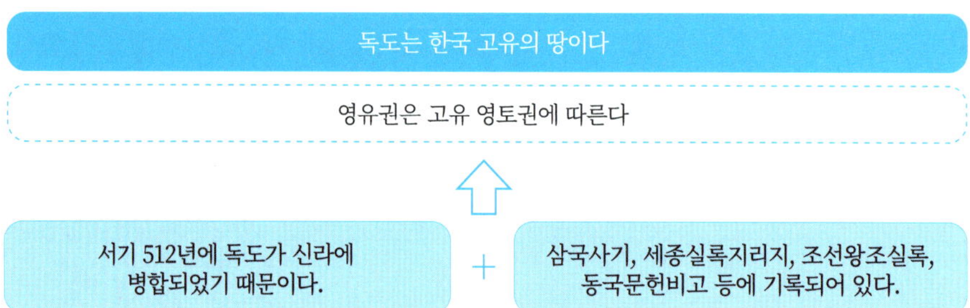

'서기 512년에 독도가 신라에 병합되었다'라는 사실과 해당 내용이 명시되어 있는 역사 자료가 주장을 뒷받침할 수 있는 이유는 '영유권은 고유 영토권에 따른다'라는 전제가 있기 때문이다. 이 전제는 국제 사회의 보편적 약속으로 세계적으로 영유권에 대한 판정 기준이 되고 있다. 이처럼 역사적 기록만이 이유와 근거가 될 때에는 전제를 드러내는 것이 주장의 정당성을 강조하고 설득력을 높이는 데에 도움이 된다.

◆ 숨은 전제

원자력 발전소를 증설해야 한다

온실가스는 지구온난화를 가속화한다

↑

지구온난화를 막는 데는 도움이 되기 때문이다. + 화석 연료 발전소에 비해 온실가스 배출량이 현저히 낮다.

원자력 발전소가 화석 연료 발전소에 비해 온실가스 배출이 적다는 사실과 이것이 지구온난화를 막는 데에 도움이 된다는 이유가 주장을 뒷받침할 수 있는 것은 지구온난화를 가속화하는 온실가스의 특성 때문이다. 이 특성은 오래 전부터 과학적으로 입증되어 대부분의 사람들이 널리 알고 있는 정보이므로 글 전면에 드러내지 않아도 논증을 하는 데에 문제가 되지 않는다.

◆ 근거가 되는 전제

낙태법을 폐지해야 한다

생명과 신체의 처분에 대해 스스로 결정하는 것은 헌법에서 보장하는 권리이다(자기 결정권)

↑

낙태는 자신의 신체에 대해 스스로 내리는 결정이기 때문이다. + 생명과 신체의 처분에 대해 스스로 결정하는 것은 헌법에서 보장하는 권리이다(자기 결정권)

낙태법을 폐지해야 한다는 주장에 대한 이유로 낙태가 자신의 신체에 대해 스스로 내리는 결정이라는 점을 들 수 있다. 이때 헌법에서 보장하는 자기 결정권에 대한 설명은 주장과 이유를 이어 주는 보편적인 원칙으로서 전제가 됨과 동시에 객관적인 자료로서 근거의 역할을 할 수도 있다.

학습 활동

1. 자신의 전공 분야 논문을 선택하여 읽고(8.1. 참고) 주장의 특성과 주로 활용되는 근거의 유형을 분석해 보자.

2. 자유롭게 주제를 설정하여 논증 구조를 구성해 보자. 이를 바탕으로 5단락 형식의(3.3. 참고) 논증문을 작성해 보자.

10. 서론과 결론 쓰기

서론은 글의 성격을 드러내고 내용을 제약하기도 하며, 결론은 글을 매듭짓는 역할을 한다. 즉, 글은 서론으로 풀어서 결론으로 맺기 때문에 서론과 결론은 본론만큼 중요한 역할을 한다. 이 장에서는 서론과 결론의 작성법을 알아보고자 한다.

10.1. 서론 쓰기

서론은 글을 시작하는 부분으로 글의 성격과 방향을 드러낸다. 기본적으로 연구 배경과 기존 연구의 한계점을 통해 해당 연구의 목적과 필요성을 담아야 하며 뒤이어 이론적 배경, 연구 방법 및 범위 등을 통해 연구를 개괄한다. 다만 학술적 글쓰기의 유형에 따라 서론에서 언급하는 범위와 서론의 구성 방식에 다소간의 차이가 있다.

◆ 서론에 들어가는 내용

- 아래와 같은 내용이 서론에 들어가나, 필요에 따라 이 중 일부를 별도의 장 또는 절로 구분하여 서술할 수도 있다. 예를 들어 1장을 서론으로 구성하고 2장을 '선행 연구' 또는 '이론적 배경'으로 구성할 수도 있다.

• 문제 제기 • 개념 정의 • 연구 목적과 필요성	• 선행 연구 • 이론적 배경 • 연구 대상 및 범위	• 연구 방법 및 자료 • 논의의 구성

• 문제 제기, 연구 목적과 필요성

서론에서 가장 중요한 것은 해당 연구의 당위성과 필요성을 입증하는 것이다. 문제나 선행 연구의 한계 등을 제시함으로써 연구 목적과 필요성을 밝힐 수 있다.

예시 1

감각통합치료는 아동작업치료 중 중요한 영역을 차지한다. 감각통합치료 중 그룹 감각통합치료는 임상에서 많이 이루어지고 있으나 그 효과성에 대한 증거가 부족한 편이다. 본 연구는 취학 전후 아동에게 중요한 감각처리와 소운동, 사회성 능력에 그룹 감각통합치료가 미치는 영향을 알아보고자 한다. 세부적인 목적은 다음과 같다.

첫째, 그룹 감각통합치료가 감각통합에 장애가 있는 아동의 감각처리에 미치는 영향을 알아본다.

둘째, 그룹 감각통합치료가 감각통합에 장애가 있는 아동의 학업기술의 바탕인 소운동발달에 미치는 영향을 알아본다.

셋째, 그룹 감각통합치료가 감각통합에 장애가 있는 아동의 사회성발달에 미치는 영향을 알아본다.

홍은경, 김한길(2009), 「그룹 감각통합치료가 감각처리와 소운동 및 사회성에 미치는 영향」, 『대한감각통합치료학회지』 7-2, 대한감각통합치료학회, 2.

예시 2

지금까지 한국어 신어에 대한 연구는 주로 신어의 조어론적 특성을 중심으로 논의되어 왔으며(문금현, 1999; 노명희, 2006; 도원영, 2007), 연구 대상을 특정한 신어 유형으로 제한하여 집중적으로 논의한 측면이 있다. 일부 신어의 생성과 정착, 신어의 의미적 경향성에 대한 연구(이선영, 2007; 김일환, 2014; 이수진·김예지, 2014)도 있었으나, 신어의 사회·문화적 중요성을 고려할 때 신어와 관련한 사회·문화적 현상들이 양적·질적으로 충분히 논의되었다고 보기는 어렵다. 본 연구는 지금까지 비교적 주목을 덜 받아 왔던 신어의 어종별 특성, 주요 생성 분야, 사회·문화적 의미에 대해 분석함으로써 신어 연구의 외연을 사회·문화적 해석의 측면으로 확장하고자 한다.

남길임, 송현주, 최준(2015), 「현대 한국어 [+사람] 신어의 사회, 문화적 의미 -2012, 2013년 신어를 중심으로」, 『한국사전학』 25, 한국사전학회, 40-41.

• **연구 대상과 방법**

연구 대상을 밝히는 것은 연구 범위를 설정하는 것과 같으며, 연구 방법을 밝히는 것은 연구 과정의 정합성을 입증함과 동시에 연구 결과의 신뢰도를 높인다.

예시 3

본 연구에서는 치아 전체에 대한 부식의 정도를 측정하기 위하여 음료에 침지 전과 침지 후의 변화를 3차원으로 스캔하여 비교하고자 하였다. 현대인들이 즐겨 마시는 음료 중 탄산음료, 에너지음료, 오렌지주스, 맥주 중 한 종류씩 선정하여 음료가 치아 부식에 얼마나 영향을 미치는지에 대해 연구하였다.

천제덕 외(2018), 「음료수 종류 및 섭취 시간이 치아부식에 미치는 영향」, 『대한치과재료학회지』 45-3, 대한치과재료학회, 170.

예시 4

이러한 문제를 보완하기 위한 방법의 하나로, 본 연구에서는 2002년부터 2004년까지의 보다 폭넓은 신어 자료를 대상으로 연구를 진행하고자 한다. 총 1690개의 신어가 이에 해당한다.

[표 1] 2002년~2004년 국립국어원 신어 수

	연도	신어 수
1	2002년	408
2	2003년	656
3	2004년	626
	계	1690

그리고 4종의 일간지에 국한하여 진행했던 이전 연구와 달리, '한국언론진흥재단'에서 운영하는 카인즈 누리집(http://www.kinds.or.kr)(미디어가온) 검색을 활용하여 보다 다양한 일간지 및 방송 매체로부터 관련 신어의 출현 양상을 확인하였다. 신어의 출현 빈도 조사는 2016년 1월부터 2월까지 총 2개월간 진행되었다.(각주 생략)

정한데로(2017), 「'신어의 삶'에 관한 탐색」, 『국어학』 83, 국어학회, 122.

• **이론적 배경**

이론적 배경을 통해 연구 주제에 대한 입장을 명확히 할 수 있으며 연구 결과의 객관성을 확보할 수 있다. 아래와 같이 서론에 담기도 하나, 이론적 배경은 연구 내용을 관통하는 중요한 역할을 하므로 장을 구분하여 작성하기도 한다.

예시 5

해석 수준 이론에 따르면 동일한 제품이라 해도 소비자들은 자신의 해석 수준에 따라 상이하게 판단하여 구매한다. 예를 들어 오디오를 구입할 때 상위의 해석 수준을 가진 사람은 오디오의 음질이나 감도, 주파수 대역 등과 같은 중심적이고 본질적인 속성에 초점을 맞춰 구매하는 반면, 하위의 해석 수준을 가진 사람은 디자인이나 색상 등과 같은 세부적이고 부차적인 속성에 초점을 맞춰 소비한다. (중략) 즉 소비자들을 해석 수준에 크게 영향을 받으며 제품을 평가하고 구매 결정을 내리고 있는 것이다.

기존의 사회학 연구에서는 소비 행동을 포함하여 다양한 인간 행동을 연구함에 있어 대체적으로 사회 환경적 요인에 초점을 두었다. 그러나 해석 수준 이론은 그와 더불어 그 환경을 직접적으로 받아들이는 개인의 인식(perception)에 관하여 다루고 있어 보다 종합적인 시각을 제공할 수 있다. 이에 따라 본 연구는, 소비자의 태도와 행위에 대한 해석 수준 이론을 통해 접근한 국내외 연구들을 다양하게 짚어 보고, 이를 통해 해석 수준 이론과 소비문화 연구에 대한 주요한 이론적, 실무적 시사점을 제시하고자 한다.

정의준, 김혜영, 유승호(2012), 「소비자 태도와 행위에 대한 이론적 접근: 해석 수준 이론을 중심으로」, 『사회와 이론』 21, 한국이론사회학회, 379.

비교적 좁은 범위의 연구 내용을 담는 소논문에서는 이상의 내용을 서론 안에 압축적으로 담아내는 것이 일반적이며 필요에 따라 선행 연구, 이론적 배경 등을 별도의 장으로 구성하기도 한다. 연구의 성격과 연구에서 중요하게 다루어지는 것이 무엇인지에 따라 구성이 달라질 수 있다. 반면에 깊이 있는 연구 내용을 담는 학위 논문에서는 각각의 항목을 모두 장 또는 절로 나누어 상세히 설명한다는 차이가 있다(7.2. 참고). 즉 소논문과 학위 논문의 서론은 그 양과 구성 방식이 다를 뿐 서론에 담아야 하는 내용에는 큰 차이가 없다.

◆ 소논문의 서론

• 문제 제기, 개념 정의, 연구 목적과 필요성, 연구 대상 및 범위 등을 서론 한 장에

압축적으로 서술하는 것이 일반적이다.

예시 6

[일반적 명제]단어는 새로이 만들어지고, 또 사라진다. 특정한 개념을 명명(naming)하고자 하는 화자의 욕구가 유지되는 한, 단어 형성은 인간의 언어생활에서 지속적으로 전개되는 과정이라 할 수 있다. 반면, 사람들 사이에서 한때 두루 쓰이던 단어라 할지라도 그 쓰임이 충분하지 못하면 이들 단어는 언어 공동체 내에서 점차 잊히고 만다. 이러한 '단어의 삶'은 지극히 당연한 결과일 수 있지만, [문제 제기]새로이 만들어진 단어 가운데 과연 어느 정도의 수가 실제 언어 공동체 내에서 살아남고, 또 소멸할지에 대한 물음은 여전히 남아 있다.

[연구 목적]이 연구는 보다 실제적인 방법을 통해 신어의 출현 양상을 확인해 보고자 하는 목적에서 마련되었다. 이를 위해 국립국어원에서 발표한 2002년~2004년의 신어를 대상으로 이들 단어가 시간의 흐름에 따라 어떠한 지위 변화를 보이는지 살펴봄으로써 10여 년간의 '신어의 삶'을 추적 관찰하고자 한다.

1) '임시어, 신어, 사전 등재어'의 상관관계(정한데로 2015ㄷ: 176)

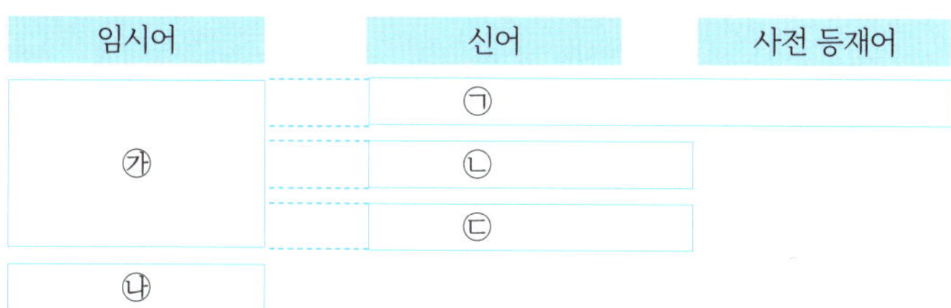

[연구의 필요성]주지하듯이 명명 동기에 따라 화자가 즉각적으로 만들어 낸 '임시어(nonce word)'는 한 번 쓰였다가 곧바로 사라지기도 하지만(1㉯), (1㉮)처럼 특정 언어 공동체 내에서 사회적으로 승인을 얻어 '신어(neologism)'의 지위에 이르기도 한다. 이때 (1㉮)의 신어들은 각각 어떠한 '삶'을 사느냐에 따라 ㉠, ㉡, ㉢의 상이한 모습을 보인다. (중략) 단어 형성 이후에 전개되는 이러한 거시적 차원의 공인화(institutionalization)를 보다 구체적으로 들여다보기 위해서는 그 중간 과정에 대한 탐색이 뒤따라야 한다(정한데로 2015ㄴ).

[선행 연구의 한계]위와 같은 연구 목적에서 정한데로(2015ㄷ)는 국립국어원에서 발표한 2004년 신어 가운데 479개의 단어를 대상으로 10년 동안의 빈도 변화를 논의한 바 있다. 고려대학교 민족문화연구원 전자인문학센터에서 구축한 총 6억 어절의 <물결21> 코퍼스를 활용하여 조사한 결과, 전체 신어 가운데

12% 정도만이 해당 말뭉치 내에서 지속적으로 관찰된다는 사실을 확인하였다. 그러나 해당 말뭉치가 4종의 일간지(동아일보, 조선일보, 중앙일보, 한겨레신문)만을 대상으로 하였다는 점, 그리고 연구 대상이 2004년 한 해의 신어로 한정되었다는 점에서 그 한계가 확인되었다.

[연구 대상]이러한 문제를 보완하기 위한 방법의 하나로, 본 연구에서는 2002년부터 2004년까지의 보다 폭넓은 신어 자료를 대상으로 연구를 진행하고자 한다. 총 1690개의 신어가 이에 해당한다.

[표 1] 2002년~2004년 국립국어원 신어 수

	연도	신어 수
1	2002년	408
2	2003년	656
3	2004년	626
	계	1690

[연구 방법]그리고 4종의 일간지에 국한하여 진행했던 이전 연구와 달리, '한국언론진흥재단'에서 운영하는 카인즈 누리집(http://www.kinds.or.kr)(미디어가온) 검색을 활용하여 보다 다양한 일간지 및 방송 매체로부터 관련 신어의 출현 양상을 확인하였다. 신어의 출현 빈도 조사는 2016년 1월부터 2월까지 총 2개월간 진행되었다.

[연구 방향]한편, 국립국어원(2005)에서는 2002년~2004년의 신어들이 2005년에 어떠한 빈도로 쓰이고 있는지 조사함으로써 각 신어의 초기 양상을 관찰하였다. (중략) 우리는 카인즈에서 조사한 결과를 국립국어원(2005)와도 함께 비교 논의할 것이다.

[논의 구성]논의의 구성은 다음과 같다. 2장에서는 [표 1]의 각 신어를 대상으로 《표준》 내 등재 양상을 조사함으로써 (1㉮)의 ㉠에 도달한 단어들을 관찰할 것이다. 3장에서는 각 신어들의 연도별 분포 변화를 살펴보면서 거시적 관점에서 각각의 유형을 분류해 보고자 한다. 유형별 분포를 분석하고 그 결과를 기존 연구와 비교하면서 연구의 의의를 확인할 것이다. 그 과정에서 실제 출현빈도와 사전 등재의 상관관계를 둘러싼 문제, 신어 및 사전 표제어 선정에 관한 문제 등도 함께 고민할 것이다. 4장에서는 논의를 요약하고 마무리한다. (각주생략)

정한데로(2017), 「'신어의 삶'에 관한 탐색」, 『국어학』 83, 국어학회, 120-123.

예시 7

[일반 명제]치아는 음식 섭취 시 인체에서 가장 먼저 접촉하는 곳으로 섭취하는 음식의 성분에 따라 여러 가지 영향을 받는다. 특히 낮은 산도의 음식의 경우 치아를 부식시키는 것으로 알려져 있는데 Kim 등의 연구에서도 평균 pH가 3.01인 7종의 음료로 법랑질 부식도를 측정한 결과 음료의 적정산도가 법랑질 표면 경도 감소에 유의한 것으로 보고하였다(Kim 등, 2012).

[개념 정의]치아부식이란 세균의 개입 없이 산에 의해 발생한 비가역적 치아경조직 소실을 의미한다(Kim 등, 2008).

[연구의 필요성]치아가 부식되는 유인은 내인적, 외인적으로 크게 구분하는데 내인적 요인은 역류된 위산이나 신경성 식욕 항진증 또는 신경성 식욕 부진증에서 나타나고, 외인적 요인은 산도가 낮은 음식이나 음료, 약물 등의 섭취 시 발생한다(Lee&Oh, 2017). 현대사회에서 치아부식증의 유병률은 증가 추세에 있으며 산성음료의 섭취가 주된 위험인자 중 하나로 인식되고 있다(Lee 등, 2013).

[선행 연구의 한계]음료의 섭취는 음료시장의 성장과 서구화된 식습관으로 인해 꾸준히 증가하고 있다(Dennis 등, 2017). 국민건강영양조사 통계자료에 따르면 식품군 중 음료의 섭취량이 2008년 66.88g에서 2016년 185.36g으로 증가된 것으로 나타났으며, 식품별 평균 섭취량 중 우유, 맥주, 소주, 콜라, 과일음료 그리고 막걸리 등 액상식품의 1회 섭취 분량이 상위 30위 안에 다수 포함되었다(Korea National Health and Nutrition Examination Survey, 2016). 농림축산식품부와 한국농수산식품유통공사의 조사에서는 국민 1인당 하루 평균 섭취량에서 탄산음료가 81.0ml로 가장 높았고, 과채음료가 27.8ml 그리고 커피음료가 17.6ml로 보고되었다(Korea Agro-Fisheries & Food Trade Corporation, 2015). 대부분의 에너지음료는 강한 산성으로 카페인으로 인한 부작용 외에도 산으로 인한 치아 침식 등의 부작용이 우려된다. Kim 등의 연구에서는 에너지음료에 치아를 침지한 후에 법랑질의 경도를 분석한 결과 법랑질의 경도가 약해진 것으로 조사되었다(Kim 등, 2014). 이렇듯 치아부식과 관련한 다양한 연구들이 진행되고 있으며, 대부분의 연구에서 법랑질의 부식 정도를 파악하기 위하여 표면 경도를 측정하고 있다(Kim 등, 2014; Chung, 2017; Lee&Oh, 2017). 그러나 거칠기를 측정하여 표면 경도를 나타내는 연구의 경우 측정된 부위만을 확인할 뿐 전체적인 부식의 정도를 파악하기에는 한계가 있다.

[연구 대상 및 방법]본 연구에서는 치아 전체에 대한 부식의 정도를 측정하기 위하여 음료에 침지 전과 침지 후의 변화를 3차원으로 스캔하여 비교하고자 하

였다. 현대인들이 즐겨 마시는 음료 중 탄산음료, 에너지음료, 오렌지주스, 맥주 중 한 종류씩 선정하여 음료가 치아 부식에 얼마나 영향을 미치는지에 대해 연구하였다.

[연구 목적]본 연구를 통해 음료 섭취에 대한 치아부식 위험도를 알아보고 섭취 조절의 필요성에 대한 기초 자료로 제공하고자 한다.

천제덕 외(2018), 「음료수 종류 및 섭취 시간이 치아부식에 미치는 영향」, 『대한치과재료학회지』 45-3, 대한치과재료학회, 169-170.

길잡이 1. 서론의 또 다른 이름

서론은 '서론, 서문, 들어가기, 머리말, 들어가며, 들머리' 등 다양한 이름으로 불리므로 자신이 속한 학문 공동체에서 주로 사용하는 표현을 알아 두는 것이 좋다.

길잡이 2. 서두를 쓰는 다양한 방법

서론을 구성하는 것만큼이나 어려운 것이 서론을 시작하는 것이다. 글의 목적과 주제에 따라 아래와 같이 다양한 방법으로 시작할 수 있다.

1. 목적을 드러내기

예시 1

이 글은 '인지언어학(cognitive linguistics)'의 체험주의 관점과 민간모형의 원리를 이용하여 사람의 기본 감정 가운데 하나인 '미움' 곧 '혐오감(嫌惡感)'의 개념화 양상을 밝히는 데 목적이 있다.

임지룡(2001), 「'미움'의 개념화 양상」, 『어문학』 73, 한국어문학회, 173.

2. 연구 대상의 개념 정의하기

예시 2

신어(neologism)라고 하면 넓은 의미로 기존 언어와 유연성(有緣性)이 없이 새롭게 창조된 말, 기존의 언어재를 이용해서 만든 말, 외국어에서 차용한 말, 기존의 어휘에 새로운 의미를 부여하여 쓰는 말을 통틀어 이른다.

노명희(2006), 「최근 신어의 조어적 특징」, 『새국어생활』 16-4, 국립국어원, 31.

3. 화제에 대한 직접적인 물음 또는 쟁점 제시하기

예시 3

단어 형성에 대한 연구에서 가장 큰 갈등 양상을 보이는 것 가운데 하나는 단어 형성이 이른바 문장의 형성과 관계되는 부분에 대한 문제이다. 이에 대한 연구는 문장의 형성에 관여하는 규칙 혹은 원리가 단어 형성에 그대로 적용될 수 있다는 데서부터 출발해 단어 형성과 문장의 형성은 서로 전혀 별개의 과정이라는 주장에 이르기까지 연구자마다 일치점을 보이지 않고 있다.

최형용(2006), 「합성어 형성과 어순」, 『국어국문학』 143, 국어국문학회, 235.

4. 최근 대두된 문제점 또는 사례 제시하기

예시 4

전 세계적으로 유래가 없는 가파른 고령화로 인해 우리나라는 다른 선진국들의 사례와 마찬가지로 골다공증 유병률이 급증하고 있다. 특히 골다공증성 골절은 사망률이 매우 높고, 생존하더라도 2차, 3차 재골절로 이어지기 때문에 개인의 급격한 삶의 질 저하와 비용 지출은 물론, 사회적으로도 막대한 경제적 손실로 이어진다.

이은환 외(2019), 「우리나라 골다공증으로 인한 사회경제적 질병비용 측정」,
『경기개발연구원 기본연구』 2019, 경기연구원, 3.

5. 일반적 명제 제시하기

예시 5

토양에는 다양한 세균, 진균과 같은 미생물들이 존재하며, 토양 미생물은 식물 생장촉진, 물질 순환, 영양공급 및 오염물질의 정화 등 중요한 역할을 수행한다. 여러 가지 미생물 중 식물병원균의 생장을 억제하여, 병 발생을 저해하는 기능을 가진 미생물이 존재한다.

강근혜 외(2012), 「친환경 제제로부터 식물병원균에 대한 길항 미생물의 선발」,
『한국환경농학회지』 3-1, 한국환경농학회, 68.

6. 인용하기

예시 6

유발 하라리는 그의 저서 <사피엔스>에서 돈을 물질적 실체가 아니라 심리적 구조물로, 인간이 고안한 것 중에 가장 보편적이고 효율적인 상호신뢰 시스템이라고 하였다(Harari, 2011, 조현욱 옮김 2015: 258). 이것은 우리가 돈을 지폐나 동전과 같은 실체가 있는 물리적 대상인 것으로 생각하지만 다른 물건을 교환할 수 있는 가치, 곧 돈이 물질적 가치를 지시하는 개념이라는 말이다.

임혜원(2018), 「가상화폐의 은유적 개념화 양상」, 『한국어 의미학』 62, 한국어의미학회, 2.

연습 문제 1

다음은 「개념적 은유를 활용한 한국어 수업 방안 연구 -[정치는 전쟁] 은유를 중심으로」(이지용, 2011)의 서론이다. 다음 서론의 전개 방식(연구 배경, 선행 연구 등)을 분석해 보고, 연구 목적과 필요성을 찾아보자.

개념적 은유 이론은 단순히 언어를 수사적으로 표현하기 위한 수단으로만 인식되던 은유의 위치를 인간의 사고방식을 설명해 내는 인지적 기제로 격상시켰다. 말하자면 '어떻게'와 관련된 언어적 표현의 문제에서 '왜'와 관련된 인지적 사고의 문제로의 전환이라 하겠다. 개념적 은유 이론은 인간이 어떠한 방식으로 의미를 파악해 나가고 있는지에 대한 설명력으로 인해 언어 교육을 비롯한 여러 교과목의 도구로 활용되고 있다. 이러한 현상은 개념적 은유가 언어만의 문제가 아니라 사고 및 인지체계에 대한 문제임을 역으로 다시 확인시켜 주고 있다.

그러나 언어교육 분야에서의 개념적 은유 연구는 어휘 및 관용어 또는 문학 텍스트를 이해하기 위한 영역으로 많이 치우쳐져 있는 듯하다. 개념적 은유를 통해 관용적 또는 비유적인 표현을 효율적으로 이해할 수 있다. 그렇지만 이것의 활용은 단지 어휘 의미 파악에서 그칠 것이 아니다. 학습자는 사고의 도구인 개념적 은유 그 자체를 파악하고 능동적으로 활용하는 방법을 알아야 할 것이다. 요컨대 개념적 은유로 이미 형성된 것을 이해하는 수동적인 활용이 아니라 개념적 은유 자체에 대해 이해하고 다른 영역에 적용해가는 능동적 활용이 교육의 목적이 되어야 한다.

그 이유를 특히 고급 수준 이상의 학습자에게서 찾아볼 수 있겠다. 이 경우 교재에만 의지해서는 의사소통 능력의 향상을 기대할 수 없다. 보다 다양하고 풍부한 입력이 제공되어야 하고, 그것을 충분히 이해하고 표현할 수 있어야 하기 때문이다. 교재는 하나의 안내서일 뿐 그것이 학습자가 갖추어야 할 전부가 아니다. 그렇지만 학습자는 자신이 접했던 내용만 소화해낼 것이다. 고급 수준이라고 해서 그 수준에 있는 낯선 한국어를 모두 습득해 내기는 어렵다. 그렇다면 학습자에게 필요한 것은 무엇일까? 그것은 사고할 수 있는 능력이며, 개념적 은유 이론이 바로 그 도구라 하겠다. 초급과 중급에서 상향식으로 한국어의 조각을 맞춰오던 학습자에게 인지적 체계의 구축, 즉 하향식 사고방식의 틀을 마련해줄 수 있기 때문이다.

이에 본 연구에서는 외국인을 대상으로 하는 한국어 교육 현장에서의 의사소통 능력의 향상을 위해 개념적 은유의 교육이 이루어져야 함을 전제로 그 활용 방안을 제시할 것이다. 개념적 은유 이론이 한국어의 어휘나 관용어라는 언어 구성 요소의 학습만을 위한 것이 아니라, 사고의 도구로서 의사소통의 기능인 말하기, 듣기, 읽기, 쓰기의 전 영역에 걸쳐 효율적으로 적용될 수 있는 교수-학습의 방편임을 보여 주는 것을 목적으로 한다.

이를 위해 2장에서는 개념적 은유 교육의 방향에 대해 언급하고 3장에서는 한국어 수업 설계를 위한 방안을 마련하고, 개념적 은유를 적용할 효과적인 수업 모형을 제시할 것이다. 4장에서는 한국어 수업의 실제 교육 방안을 교재 형태로 제시한다. 마지막으로 5장에서는 내용을 정리하고 연구의 의의를 찾을 것이다.

이지용(2011), 「개념적 은유를 활용한 한국어 수업 방안 연구 -[정치는 전쟁] 은유를 중심으로」, 『어문론집』 47, 중앙어문학회, 7-8.

10.2. 결론 쓰기

본론을 요약하고 정리하는 것이 결론의 주된 역할이다. 학술적 글쓰기의 유형이나 연구의 유형에 따라 추가적으로 문제의 해결책을 제시하거나 현상에 대한 제언으로 글을 마무리하기도 한다. 또는 연구의 한계점을 언급하면서 추후에 필요한 연구 또는 계획 중인 후속 연구를 제시하기도 한다.

◆ 결론에 들어가는 내용

• 연구 결과 요약

가장 기본적인 결론의 구성 방식은 본론의 내용을 요약하고 정리하는 것이다. 따라서 본론의 장에서 도출된 결과를 위주로 나열하며 압축적으로 제시해야 한다. 다만, 본론을 단순히 반복하는 것이 되지 않도록 본론의 표현을 바꾸어 제시하는 것이 좋다.

예시 8

본고에서 논의한 내용을 요약하면 다음과 같다. 첫째, 현대국어에서 '-겠-'은 '미래', '추측', '가능성', '의지'의 의미를 가지고 있는데, 이들 의미들은 모두 '예정'의 의미에 기반을 두고 있다. 둘째, 현대국어 '-겠-'의 의미 중에서는 '추측'이 가장 후대의 의미이고 '의지'가 가장 앞선 의미이며, 후대의 의미일수록 제약이 적고 앞선 단계의 의미일수록 제약이 많다. 셋째, '-겠-'의 기원은 '-게 ᄒᆞ엿-'의 구성인데 이 구성은 '-어 있-' 앞에서 '-게 ᄒᆞ-'가 피동적으로 해석되어 사동 구성과 분기되면서 발달하였다(시기상으로는 17세기 후반 무렵에 발생하여 18세기 중엽 이후에 그 쓰임이 활발해졌다). (중략) 일곱째, '-겠-'의 문법화에는 같은 기능적 영역에 속하는 '-리-'와 '-ㄹ 것이-'가 영향을 끼쳤다.

임동훈(2001), 「'-겠-'의 용법과 그 역사적 해석」, 『국어학』 37, 국어학회, 145.

• 연구의 성과와 의의

이 연구 결과가 가져다 준 학문적 성과나 의의, 또는 결과가 함의하는 바를 덧붙일 수 있다. 또한 이 연구 결과를 통해 바라볼 수 있는 기대 효과를 함께 언급할 수 있다.

예시 9

주지하는 바와 같이, 신어 혹은 유행어는 당대 대중의 정서를 매개하는 정서의 담론이자 해당 시기의 사회와 문화의 모습을 민감하게 반영함으로써 시대의 모습을 이해하는 중요한 자료가 될 수 있다. 본 연구를 통해서도 그와 같은 언어적 사실이 어느 정도 확인되었다는 데 본 연구의 의의를 둘 수 있다고 할 것이다.

강희숙(2015), 「'사람' 관련 신어에 담긴 한국인의 정서와 문화」, 『한국언어문학』 95, 한국언어문학회, 25.

• 연구의 한계점 또는 제언

한계점을 언급하는 것은 연구의 부족함을 드러내는 것만이 아니라 추후 연구의 지속 가능성과 발전 가능성을 시사하기도 한다. 또한 제언을 통해 독자들에게 또 다른 연구를 독려할 수도 있으며, 연구 내용과 관련한 행동을 촉구할 수도 있다. 이때는 중심 주제의 범위를 벗어나지 않도록 주의해야 한다.

예시 10

이러한 논의에도 불구하고 본고에서는 아직 해결하여야 할 문제들이 산재해 있다. 첫째, 성분 부사 '또한'이 이전 시기부터 전칭 양화 부사와 관련되었음을 주장하였지만 이와 관련된 설명은 부족하기 그지없다. (중략) 본고에서는 이와 같은 문제들을 고스란히 후고의 과제로 삼고자 한다.

오규환(2012), 「'또한'과 '또'의 분포 및 기능 변화와 그 원인」, 『국어학』 63, 국어학회, 216.

예시 11

지역민들에게 지역어 사용을 강제할 수는 없지만 행정 기관에서 지역어 부흥 사업을 하면 지역민들이 좀 더 당당하게 지역어를 사용할 수 있다. (중략)

유네스코에서도 지역어 소멸을 걱정하고 있고, 중앙정부도 지역어 보전을 위해 '국어기본법'을 만들어 지방자치단체에서는 조례를 만들어 놓았다. 우리 지역에서 나서 우리 지역의 학교를 다니고 또 성장해서 다른 지역에서 공부하는 학생들에게 우리의 지역어가 '선물'이 될 것인지 '장애'가 될 것인지는 우리 지역민들이 우리 문화의 자긍심을 얼마나 가지느냐에 달려 있다. 지역의 후속 세대들이 지역을 외면하면 지역의 미래는 없다. 지역의 학생들이 지역어 사용을 부끄러워 한다면 교육과 행정의 실패이다. 진주도 늦기 전에 '지역어 부흥 정책'을 펴는 데 이 글이 조그마한 시작이 되길 바란다.

박용식(2020), 「언어 소멸 양상 연구 -진주 지역을 중심으로-」, 『영주어문』 46, 영주어문학회, 42.

길잡이 3. **결론의 또 다른 이름**

결론 역시 **'결론, 맺음말, 나오기, 마치며, 마무리'** 등 다양한 이름으로 불리므로 자신이 속한 학문 공동체에서 주로 사용하는 표현을 알아 두는 것이 좋다.

연습 문제 2

다음은 「TV가정판매 담화 분석」(임규홍, 2014)의 결론이다. 다음 결론의 전개 방식(논의의 요약, 연구 의의 등)을 분석해 보고, 학술적 성과를 찾아보자.

이 논문에서는 TV가정판매방송의 담화 구조와 담화 설득 전략 그리고 진행자의 담화 특성을 밝혔다. 케이블방송이 점차 확대되면서 현대 사회에서 중요한 상거래의 하나로 정착되고 있는 TV가정판매방송담화 특성을 밝히는 것은 담화 연구의 한 몫이 되기에 충분하다. 기존의 연구들에서 상품에 따라 여러 가지 설득 전략과 언어적 특성을 분석하기도 하였지만 언어적 특성을 담화·화용적 측면에서 발화 전략을 분석한 연구는 드물었다. 본 연구에서 담화 구조와 담화 전략을 기존 연구를 바탕으로 새롭게 제안하였으며, 진행자의 발화 특성을 심리적으로 분석하였다.

TV가정판매방송의 담화 구조는 진행자가 화자가 되고 시청자는 청자가 되는 일방적이고 단선적 담화 구조로 되어 있다. 이것은 방송매체가 가지는 광고의 특성이다. 따라서 진행자의 설득담화에 시청자는 수동적으로 끌려가는 구조로 되어 있다. 그리고 TV가정판매방송 프로그램 구조는 사전녹화방송-시작말하기-규약-본방송-끝말하기의 순서로 되어 있다. 또 TV가정판매방송 진행자 담화의 설득 전략은 크게 상품내적 설득 전략과 상품외적 설득 전략으로 나누었고, 다시 상품내적 설득 전략은 상품의 우수성, 상품의 신뢰성으로 나누었으며, 상품외적 설득 전략은 구매의 경제성과 구매의 충동성으로 나누었다. 상품의 우수성은 기능, 구성, 효과, 품질로 나누었고, 상품의 신뢰성은 비교, 체험, 임상, 브랜드로, 구매 경제성을 할인, 할부, 덤 주기, 싼 가격으로, 구매 충동성은 시간 급박성, 기회 한정성, 자존심 자극, 감성적 자극, 소외감 자극으로 나누었다.

TV가정판매방송 담화의 발화 특성을 정도성 발화, 극정 발화, 독촉 발화, 한정 발화, 수여 발화, 연결 발화, 참여 발화, 상징어 발화, 의인화 발화, 반복 발화, 외래어 발화로 제시하고 그 발화 목적을 심층적으로 분석하려고 하였다.

남은 과제로 상품에 따른 다양한 광고 양상을 분석 비교하거나 진행자의 음성적인 특성인 발성 속도나 소리의 높낮이에 대한 실험적 연구도 가능할 것으로 보이며, 진행자의 담화를 말뭉치를 활용한 양적 연구도 가능할 것으로 보인다.

임규홍(2014), 「TV가정판매 담화 분석」, 『언어과학연구』 71, 언어과학회, 262.

학습 활동

1. 전공 분야의 논문을 찾아 주로 쓰는 서론과 결론의 명칭을 정리해 보자.

2. 전공 분야의 학술 논문과 학위 논문을 찾아 읽은 후 서론과 결론이 각각 어떻게 구성되어 있는지 정리해 보자.

제 3 부

학술적 글쓰기의 실제

11. 학술 에세이 쓰기

이 장에서는 가장 기본적인 학술적 글쓰기의 유형인 학술 에세이의 개념과 요건에 대해서 알아보고 제1부와 제2부에서 학습한 내용을 바탕으로 학술 에세이 한 편을 완성해 본다.

11.1. 학술 에세이의 요건

에세이(essay)란 자유로운 형식의 비교적 짧은 산문을 통틀어 이르는 말이다. 따라서 에세이는 개인적인 경험이나 느낌을 자유롭게 서술한 글부터 주장을 논리적으로 정당화하는 논리적 글까지 그 범위가 넓다. 그중에서 학술 에세이는 학술적 방식, 즉 논리적으로 문제를 해결하는 글을 말한다. 일반 에세이와 달리 논리적인 구성을 갖추어야 하며, 그 형식도 완전히 자유롭지만은 않다.

(1) 내용적 요건

학술 에세이는 에세이라고 하면 흔히 떠올리는 '수필'과는 큰 차이가 있다. 개인적 생각이나 느낌을 자유롭게 서술하는 '수필'과 달리, 학술 에세이는 견해나 주장을 제시하고 이에 대한 객관적이고도 합리적인 이유나 근거를 제시함으로써 그 타당성을 논리적으로 서술해야 한다.

학술 에세이에서는 고도의 학술적 전문성까지 요구하지는 않는다. 그러나 논리적 정당화를 위한 이유나 근거를 객관적으로 마련하려면 학술 자료를 충분히 조사하고 연구해야 한다. 이러한 과정은 자신의 견해나 주장이 얼마나 타당한지 검증하기 위해서도 필수적이다.

◆ 학술 에세이가 갖추어야 할 내용적 요건

• 논리성

- 논리적이고 체계적인 흐름 및 구성
- 이유나 근거를 바탕으로 한 주장의 논리적 정당화
- 학술 자료를 활용하여 이유나 근거의 객관적 타당성 입증

• 창의성

- 합리적 주제 설정을 통한 논의의 가치 확보
- 기존 연구 성과와의 비교를 통한 새로운 대상 논의

길잡이 1. 수필과 학술 에세이의 차이

대학에서 요구하는 짧은 글쓰기의 대부분은 수필이 아니라 학술 에세이다. 가령, "~에 대해 A4 1~2쪽 분량으로 자신의 견해를 정리해서 제출하라"라는 과제를 받았다면 이러한 과제가 바로 학술 에세이에 해당한다.

수필	학술 에세이
비공적 에세이	공적 에세이
문학적 글쓰기	학술적 글쓰기
감성적, 정서적, 주관적	이성적, 논리적, 객관적
개인적 경험 중심	사회적, 학술적 문제 중심
사적 경험에 대한 생각, 느낌을 자유롭게 서술함	공적 문제에 대한 자신의 견해, 주장을 논리적으로 서술함

(2) 형식적 요건

학술 에세이는 분량도 비교적 짧고 형식도 자유로워, 논문에서처럼 일정한 형식을 엄격히 지켜야 하는 것은 아니다. 그러나 학술 에세이도 다른 학술적 글쓰기와 마찬가지로 공적이고 격식적인 글이다. 따라서 단락 구성, 문장, 인용법과 참고 문헌 정리법 등과 관련하여 일정한 형식을 지켜야 한다.

◆ 학술 에세이가 갖추어야 할 형식적 요건

- 단락 구성: 5단락 글쓰기 구성의 유지 및 확장
- 문장: 객관적 서술 및 격식적인 문어체 문장
- 인용법과 참고 문헌 정리: 일정한 양식 준수 및 통일

11.2. 학술 에세이 쓰기의 실제

모든 글쓰기와 마찬가지로 학술 에세이 쓰기는 '계획하기 → 초고쓰기 → 고쳐쓰기'의 세 단계로 이루어진다. 이러한 단계들이 순차적으로만 이루어지는 것은 아니다. 각 단계에서 다양한 항목들을 점검하고 만족스럽지 못하다면 다시 이전 단계로 돌아가는 순환적 방식으로 이루어진다.

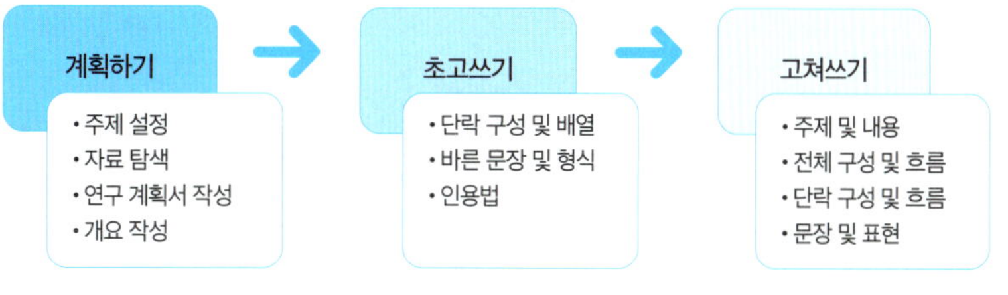

(1) 계획하기

계획하기 단계에서 가장 먼저 해야 할 것은 주제 설정이다(5장). 주제를 설정하기 위해 자료를 탐색할 수도 있는데, 주제가 설정되고 나면 본격적으로 자료를 탐색하여 분석한다(8장). 이러한 과정을 통해 글의 내용이 어느 정도 구체화되면 연구 계획을 세우고(6장) 개요를 작성한다(7장).

◆ **주제 설정 시 점검 사항**

- 내가 쓸 수 있는 것인가?
- 견해와 관점이 명확하게 드러나는가?
- 보편타당하고 합리적인가?
- 논의의 범위를 충분히 구체적으로 좁혔는가?
- 창의적이고 새로운가?

길잡이 2. 구체적인 주제 설정의 중요성

학술 에세이는 분량이 짧으므로 주제는 최대한 구체적이어야 한다. 논의의 범위를 좁히지 못하면 분량이 늘어나 학술 에세이 수준에서는 다룰 수 없게 되거나 아주 당위적 수준의 내용을 언급하는 데 그치게 된다.

길잡이 3. 화제 설정 시 유의 사항

글의 소재, 즉 화제를 처음 떠올릴 때에는 질보다 양이 더 중요하고, 최대한 자유로운 사고를 허용하는 것이 좋다. 그러나 화제의 범위를 좁혀 나가는 단계에서는 문제의식과 주제를 염두에 두어야 한다. 즉, '이 화제로 제대로 된 주제를 설정할 수 있는가?'라는 생각을 바탕으로 화제가 설정되어야 한다는 것이다. 따라서 주제를 구체화하기 위해서는 화제 설정 단계에서부터 많은 고민이 뒤따른다.

◆ 주제 유형에 따른 학술 에세이의 유형

분석형	개념	문제가 되는 현상을 분석하고 설명하는 에세이
	문제 대상	문제의 원인이 잘 알려져 있지 않거나 새로운 관점으로 분석하고 설명할 필요가 있는 현상
	주제	• 우리는 왜 모두 결정 장애에 시달리는가? • MZ 세대들은 왜 정치에 무관심한 것일까? • 원자력 발전소의 건설, 무엇이 문제인가?
	유의 사항	문제의 분석 및 설명의 타당성과 창의성이 핵심이므로 해결 방안 제시는 중요하지 않음.
해결형	개념	문제가 되는 현상의 해결 방안을 제시하는 에세이
	문제 대상	문제의 원인은 비교적 뚜렷하지만 해결 방안을 마련하기 어려운 현상
	주제	• 저출산 문제를 해결할 수 있는 구체적 방안은? • 미성년자들의 강력 범죄를 막을 수 있는 정책은? • 장애인 고용을 실질적으로 높일 수 있는 방법은?
	유의 사항	문제의 범위를 최대한 구체화하여 구체적이고 실질적인 해결 방안을 제시해야 함.
논쟁형	개념	문제가 되는 현상에 대한 입장을 제시하는 에세이
	문제 대상	찬성과 반대의 입장으로 나뉘어 치열하게 논쟁이 되는 현상
	주제	• 사형 제도는 유지되어야 하는가? • 안락사는 허용되어도 되는가? • 백신 패스는 타당한가?
	유의 사항	반대 입장을 충분히 납득할 만한 논거를 제시해야 하고 양비론이나 양시론을 지양해야 함.
혼합형	개념	학술 에세이는 주제 유형에 따라 세 유형으로 나뉠 수 있지만 두 유형 이상이 하나의 학술 에세이에 혼합되어 나타나는 것이 더 일반적이다.
	유형	• 분석형+해결형: 미성년자들의 강력 범죄 증가 원인과 해결 방안 • 분석형+논쟁형: 원자력 발전소의 건설의 문제점 분석과 반대 입장 제시 • 해결형+논쟁형: 사형 제도에 대한 반대 입장 제시, 이에 대한 대안 마련

◆ 자료 탐색 시 점검 사항

- 출처가 확실하면서 권위를 갖춘 자료인가?
- 내 글에서 필요한 것인가?
- 자료에 내 생각이 이끌리지 않는가?
- 어떠한 맥락(근거, 사례, 설명, 반례 등)에서 활용할 것인가?

길잡이 4. 자료에 종속되지 말자

계획 단계에서 자료 탐색은 필수적이다. 그러나 주제 설정 단계에서 지나치게 자세한 자료 탐색은 지양하는 것이 좋다. 무엇을 써야 할지 몰라 자료를 탐색해야 하는 경우도 있지만 지나친 자료 탐색은 자신의 생각을 자료에 종속되게 할 위험이 있다. 주제 설정 단계에서는 우선 자신의 아이디어를 정리하는 데 집중하고, 구체적으로 아이디어가 정리된 다음 자료를 자세히 탐색하는 것이 좋다. 주제에 따라 자료가 선택되는 것이지 자료에 따라 주제가 선택되는 것이 아님을 명심하자.

◆ 연구 계획서 및 개요 작성 예시

학술 에세이처럼 짧은 분량의 글쓰기에서는 논문 작성을 위한 연구 계획서처럼 자세하지 않아도 된다. '제목', '주제문', '개요 및 구성', '참고 문헌' 정도만 간략하게 작성해도 좋다.

제목	정보화 시대와 노년층의 정보 소외 문제
주제문	정보화 시대가 가속화됨에 따라 제기되는 정보 불평등 문제를 해결하기 위해서는 정보 취약 계층인 노년층의 정보 소외 문제부터 정확히 파악하고 이에 대한 해결 방안을 마련해야 한다.
개요 및 구성	1단락-서론: 노년층의 정보 불평등 확대 - 배경 정보: 정보 불평등 개념 - 사례 제시: 노년층의 정보 불평등 사례를 통한 논의의 필요성 마련 - 문제제기: 정보화 시대의 가속화에 따른 심각한 노년층의 정보 불평등 문제

	2단락-본론1: 노년층의 정보 소외 현황 - 노년층의 정보화 기기 사용 현황 - 노년층의 정보화 교육 및 정보화 수준 3단락-본론2: 노년층의 정보 불평등 해소 정책의 문제점 - 정보화 교육의 범위 제한 - 이해하기 어려운 교육 프로그램 - 개별 특성을 고려하지 않은 교육 프로그램 4단락-본론3: 노년층의 정보 불평등 해소 정책 개선 - 의료 및 복지 서비스에 대한 정보화 교육 확대 - 노년층의 눈높이에 맞춘 쉽고 간결한 교육 프로그램 개발 - 노년층의 연령, 성별 특성에 맞춘 교육 프로그램 개발 5단락-결론: 요약 및 제언 - 기술의 발달에 따른 불평등은 미래 사회의 심각한 문제이므로 노년층의 정보 불평등 문제의 해결은 필수적 과제
참고 문헌	김수경·신혜리·김영선(2020), 「중고령자의 디지털정보접근수준 예측요인 분석: 성별 차이를 중심으로」, 『정보화정책』 27-1, 한국정보화진흥원, 55-71. 김학실·심준섭(2019), 「노인의 디지털 리터러시와 사회활동」, 『정책분석평가학회보』 30-2, 한국정책분석평가학회, 153-180. 한국정보화진흥원(2019), 『2019 디지털정보격차 실태조사 보고서』, 과학기술정보통신부·한국정보화진흥원.

(2) 초고쓰기

초고쓰기에서 가장 유의해야 할 것은 논리적 구성 및 흐름을 결정하는 단락의 구성과 배열이다. 따라서 글을 쓰는 처음부터 끝까지 문장과 문장 간의 논리, 단락과 단락 간의 논리에 주의를 기울어야 한다. 문장 쓰기 및 인용법도 신경 써야 하는데, 특히 정확한 인용법을 지켜 내 생각과 남의 생각을 명확하게 구분하는 것이 중요하다.

길잡이 5. 계획과 달리 흐르는 글

실제로 글을 쓰다 보면 원래 계획과 달리 글이 엉뚱한 방향으로 흐르는 경우가 많다. 이는 주제 설정이 충분히 심화되지 않았거나 개요 작성 단계에서 글의 논리적 구성 및 흐름을 충분히 고민하지 않아 글을 쓰는 과정에서 새로운 생각이 떠올랐기 때문이다. 이때는 우선 글부터 쓰고 난 뒤 고치려고 하기보다는 다시 계획 단계로 돌아가 주제 설정과 개요를 다시 검토하고 글을 쓰는 것이 좋다.

(3) 고쳐쓰기

철저하게 계획을 세워 글을 썼다고 하더라도 처음부터 만족스러운 글을 쓸 수는 없다. 초고에서 다양한 문제들이 발견되는 것은 당연하다. 고쳐쓰기가 필요한 이유가 여기에 있다. 고쳐쓰기는 오타를 수정하거나 문장을 다듬는 정도의 작업만을 의미하지 않는다. 자신이 쓴 글을 다시 검토하여 글의 내용을 더 구체화하거나 심화하는 과정이 고쳐쓰기의 핵심이다. 따라서 빠진 내용을 보충하고 잘못된 내용이나 불필요한 내용을 삭제하는 것은 기본이고 때로는 아예 글을 새롭게 써야 할 수도 있다.

길잡이 6. 과감한 삭제의 중요성

학생들은 자신이 쓴 글이 아까워 고쳐쓰기 과정에서 삭제에 매우 인색한 편이다. 그러나 삭제 없는 내용의 첨가나 보충은 글을 누더기로 만들게 되고 몇 번의 손질을 거치고도 만족스럽지 못하다면 어떻게든 살려 보려고 애를 쓰는 것보다 과감히 삭제하고 다시 쓰는 것이 더 좋다.

◆ 고쳐쓰기 대상과 절차: 전체에서 세부적인 것으로

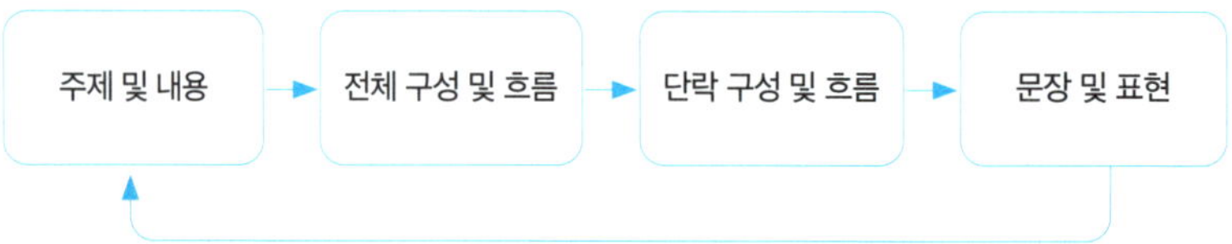

- **1차 수정 과정**: 글 전체를 검토하는 과정
  - 검토 대상: 주제 및 내용 + 전체 구성 및 흐름
  - 주안점: 글의 전체적 수정 방향 및 계획 수립

- **2차 수정 과정**: 본격적 고쳐 쓰기 과정
  - 검토 대상: 전체 구성 및 흐름 + 단락 구성 및 흐름
  - 주안점: 수정 계획에 따른 내용의 삭제 및 추가

논리적 흐름 및 구성
문장 간의 연결

- **3차 수정 과정**: 세부적 수정 과정
  - 검토 대상: 문장 및 표현, 오타, 맞춤법
  - 주안점: 정확하고 오해의 여지가 없는 표현

- **수정 과정의 반복**: 3단계 수정 과정의 순환

  3단계의 수정 과정을 여러 번 반복할 필요가 있다. 처음부터 꼼꼼하게 수정하는 것도 중요하지만 반복된 수정 과정을 통해 글의 완성도를 더욱 높일 수 있다.

◆ 고쳐쓰기의 대상에 따른 점검 사항

- 주제 및 내용
  - 주제가 적절한가?
  - 주제가 명확하게 잘 드러나는가?
  - 주제에서 벗어나거나 빠질 내용은 없는가?

- 전체 구성 및 흐름
  - 글의 전체 흐름이 논리적이고 체계적인가?
  - 단락과 단락의 연결이 논리적이고 유기적인가?
  - 한 단락의 양이 지나치게 많거나 적지 않은가?

- 단락 구성 및 흐름
  - 단락의 핵심 내용이 잘 드러나는가?
  - 단락의 핵심 내용과 관계없는 문장은 없는가?
  - 소주제문과 뒷받침 문장이 잘 연결되는가?
  - 각 문장들이 유기적으로 연결되어 있는가?

• 문장 및 표현

- 바른 문장 쓰기가 되어 있는가?
- 격식적인 문어체 문장으로 썼는가?
- 정확한 개념을 모르고 쓴 용어나 현학적 표현은 없는가?

◆ 고쳐쓰기의 방법

• 필자 스스로 고쳐쓰기

필자는 자신의 글을 객관적으로 보기 어렵다. 따라서 자신의 글을 객관화해서 보기 위해 다음과 같은 방법을 지키는 것이 좋다. 이러한 과정을 거쳤다고 하더라도 동료나 교수자의 도움을 받는 과정은 필수적이다.

- 초고를 작성하고 난 뒤 충분한 시간을 두고 다시 읽는다.
- 반드시 출력하여 읽는다.
- 자신이 충분히 들을 수 있을 정도로 소리 내어 읽는다.
- 고쳐 써야 할 내용과 문제점을 원고에 구체적으로 메모해 둔다.

• 동료의 도움을 받아 고쳐쓰기

친구나 조원들이 서로의 글을 강평해 주고 이를 바탕으로 수정 사항을 파악한다. 동료의 강평을 듣는 것으로 끝나지 않고 서로 토론하며 자신의 생각을 발전시키고 정리하는 것이 중요하다.

- 동료와 초고를 교환하여 읽고 논평 내용을 작성한다.
- 논평 내용에 대해서 의견을 교환하고 토론한다.
- 논평 내용에 대한 수용 여부와 수정 계획을 결정한다.

• 교수자의 도움을 받아 고쳐쓰기

학생은 교수자에게 지시나 모범 답안을 받는다는 생각을 버리고 동료의 도움을 받아 고쳐쓰기와 마찬가지로 교수자의 조언을 자신의 생각을 발전시키고 정리하는 데 활용해야 한다. 글쓰기 센터가 있다면 튜터의 도움을 받는 것도 좋다.

길잡이 7. 동료 강평의 방법

학생들은 동료들의 강평 내용을 신뢰하지 않는 경우가 많지만 실제로 동료 강평의 결과를 보면 교수자의 강평과 거의 일치한다. 즉, 글을 보는 눈은 교수자나 학생이나 크게 다르지 않다. 다만, 동료들이 서로 신뢰할 만한 강평을 하기 위해서는 다음과 같은 사항을 유의해야 한다.

1. 동료의 글을 독자의 입장에서 처음부터 끝까지 자세히 읽는다.
2. 작은 실수보다는 글의 전체 내용과 구성에 집중한다.
3. 강평 내용은 구체적이고 명확해야 한다.
    - 감정적인 평가는 하지 않는다.
    - '좋다', '괜찮다' 등의 인상적인 평가를 하지 않는다.
    - 반드시 문장 형태로 강평 내용을 서술한다.
    - 개선 방안에 대해서도 함께 고민한다.

길잡이 8. 강평 수용 범위 결정: 글의 주인은 바로 나

동료들과 교수자의 강평을 모두 수용할 수 없다. 이들의 강평을 모두 수용하게 되면 글이 누더기가 되거나 심지어 다른 사람의 글이 되어 버리기도 한다. 강평 내용에 대해 배타적 태도도 문제가 되지만 지나친 수용적 태도도 문제가 된다. 필자는 자신이므로 글에 대한 책임도 자신에게 있다. 따라서 강평 내용에 대한 수용 범위는 필자 스스로 잘 결정할 필요가 있다.

플라스틱 쓰레기를 줄이는 방안에 대하여

2020년 9월 국제 학술지 '사이언스'에서는 플라스틱 오염에 대해 다루면서 실제 플라스틱 쓰레기로 뒤덮인 이란 북부 탈레쉬(Talesh) 지역의 매립지를 그 표지에 담았다. 플라스틱 오염에 경고 메시지를 전하고 있는 것이다. '사이언스'에서는 2030년까지 플라스틱 쓰레기 배출량이 최대 5300만t이 될 것이라고 하였다. 이 결과조차도 '세계 각국이 플라스틱 쓰레기 감축에 노력을 기울인다면'이라는 조건이 있어야 한다. 이런 심각한 상황에 대해 우리나라는 더욱더 민감하게 대책을 세워야 한다.

환경부의 2016년 통계에 따르면 우리나라에서 연간 배출되는 플라스틱은 1인당 98㎏으로 세계에서 1, 2위를 다투고 있다. 높은 사용량이 왜 문제가 될까? 그것은 바로 높은 사용량이 곧 배출되는 쓰레기양과 직결되기 때문이다. 쓰레기의 양이 많아도 잘 처리하면 문제가 되지 않지만, 플라스틱 쓰레기는 처리 과정이 환경에 치명적이기 때문에 문제가 되는 것이다. 그렇기에 플라스틱 쓰레기는 재활용하는 것이 가장 좋은 처리 방법이다. 현재 우리나라 플라스틱의 분리배출률은 80%로 높은 편이지만, 라벨이 부착되어 있거나 오염된 것은 재활용이 되지 않는 탓에 실제로 재활용되는 비율은 분리배출된 비율의 반밖에 되지 않는 실정이다. 따라서 먼저 플라스틱 사용을 지양해야 하며, 사용한 플라스틱은 재활용해 사용할 수 있도록 다들 머리를 맞대고 고군분투해야 한다.

플라스틱 쓰레기양을 줄이기 위해서는 우선 플라스틱 사용량을 줄여야 한다. 플라스틱이 우리 일상 깊숙이 들어온 지금, 플라스틱 사용을 줄이는 것은 가장 어려운 일이지만 쓰레기를 줄이기 위해서는 가장 근본적으로 해결해야 하는 일이다. 이를 위해 이미 널리 사용되고 있는 좋은 방법들을 활용할 수 있다. 첫 번째, 온실가스 감축을 실천하면 그에 대해 포인트를 지급하는 제도인 '탄소포인트제'를 플라스틱 사용을 줄이는 실천에까지 확대하여 시행할 수 있다. 예를 들어, 플라스틱이 들어간 제품이 아닌 나무 등과 같이 친환경 자제로 된 제품을 구매한 경우에 포인트를 지급하는 것이다. 이는 플라스틱 사용을 줄이는 데에 동기를 부여할 수 있을 것이다. 두 번째로 자판기를 이용해 플라스틱 용기를 '추가로' 구매할 필요가 없게 만드는 방법이 있다. 이는 매장에서 '플라스틱 용기에 든 새 제품'이 아닌 '리필용 자판기'로 내용물만 판매하는 방식을 말한다. 우리 일상생활 속 많은 용기들이 플라스틱으로 되어 있어 세제, 화장품 등 일상에서 자주 소비하는 제품은 플라스틱 용기를 지속적으로 배출하게 한다. 그러므로 자판기를 활용한 판매 방식은 플라스틱의 수요를 수십, 수백 개에서 한 개로 줄일 수 있게 한다. 더불어 소비자는 기존 물품에 포함되어 있던 용기 값을 지불하지 않아도 되므로 저렴하게 물품을 구입할 수 있다.

플라스틱 사용을 줄이는 것과 동시에 플라스틱 쓰레기의 재활용 비율을 높여야 한다. 이를 위해 다방면으로 제도를 마련하여 더 큰 움직임을 이끌어 낼 수 있다. 첫 번째 방법은 플라스틱을 대량으로 사용하는 학교나 기관 등의 플라스틱 분리배출 현황을 조사하고 그에 따른 환경 지원금을 차등 지급하는 것이다. 이는 개인이나 각 가정이 아닌 학교나 기관, 지자체 단위로 시행할 수 있는 제도로, 단체 행동을 촉구하기 때문에 규모면에서 효과적일 것이다. 이와 더불어 근본적으로 분리배출을 잘할 수 있도록 제도를 마련하여 기업을 규제할 수 있다. 기업이 플라스틱 제품을 생산할 때 라벨에 접착제를 사용하지 못하게 하거나, 라벨에 절취선을 의무적으로 넣도록 하여 소비자가 쉽고 바르게 분리배출을 할 수 있도록 하는 것이다. 재활용 비율이 낮은 이유는 소비자가 재활용이 가능한 상태로 분리배출하는 것이 어렵기 때문이므로 기업에서 생산 방식을 바꾼다면 더 많은 소비자가 쉽고 바르게 분리배출을 할 수 있을 것이다.

우리는 우리나라의 세계적인 수준의 플라스틱 사용량에 경각심을 가져야 한다. 개개인의 플라스틱 사용에 대한 인식을 변화시키고 행동을 북돋기 위해 먼저 널리 사용되고 있는 효과적인 방법을 적극적으로 활용해야 한다. 또 플라스틱 쓰레기를 줄이기 위해 실질적으로 시행할 수 있는 다양한 제도를 마련하여야 할 것이다.

학생 글

'공유경제'에 드리워진 그림자

'공유경제'란 재화와 서비스를 소유가 아닌 공유의 개념으로 접근하는 것으로, 개인이 사용하지 않는 것을 타인과 공유함으로써 수익을 창출하는 경제 활동을 일컫는다. 제4차 산업혁명의 영향으로 기술과 기술의 연결이 증가하고 다양한 플랫폼이 형성되면서 개인과 개인의 연결이 용이한 환경이 만들어졌다. 이로 인해 공유의 가능성이 확대되었고, 그것이 경제와 결합되어 '공유경제' 개념이 등장하였다. 특히 여러 매체에서는 '공유경제'의 긍정적 효과를 소개하며 '공유경제'를 미래 산업을 이끌어 갈 핵심 개념으로 전망하고 있다. 그러나 과연 공유경제가 미래 산업을 이끌어갈 만한 중심 산업으로서의 역할을 제대로 할 수 있을 것인가? 새로운 개념, 그리고 '공유'라는 다소 아름다운 개념을 무비판적으로 수용하기에 앞서 객관적인 시선으로 문제점을 탐색할 필요가 있다. 이에 소비자들의 우려와 불만을 토대로 공유경제의 불완전함을 점검해 보고자 한다.

먼저, 사람들이 가지고 있는 기존 사고방식의 한계가 공유경제를 방해할 수 있다. 대부분의 사람들은 '공유', '나눔'을 아름답고 긍정적인 개념으로 받아들인다. 그러나 실제로 공유하고 나누는 주체가 자신이 될 경우, 그 태도에 변화가 생길 수 있다. '공유'를 '침범' 또는 '소유를 막는 것'으로 인식할 수 있는 것이다. 반대로 '공유'에 대한 부정적인 인식을 가지고 있는 사람들은 소유의 편리성을 막는 서비스로서, 자본주의 사회의 경제 관념에 반하는 개념으로 인식하기도 한다. 무언가를 충분히 소유할 수 있는 재정적 능력을 지니고 있는 사람은 공유보다는 소유하는 방식이 훨씬 쉽고 편리하기 때문이다. 이와 같은 '공유'에 대한 부정적 인식들이 곧 공유경제를 불완전하게 만든다.

두 번째로, 이러한 인식을 변화시키는 데에 성공하더라도 '공유'라는 행위 자체로 인해 발생하는 문제들이 있다. 다양한 사람이 '함께' 사용한다는 공유의 특성상, 공유를 하면 할수록 재화나 서비스의 품질이 떨어지는 것은 당연한 것이다. 예를 들어 주거공간을 대여해 주는 '에어비앤비'와 카셰어링 서비스를 제공하는 '쏘카'의 경우 원래 상태를 찾아볼 수도 없을 정도로 더럽게 사용하는 소비자들로 인해 골머리를 앓는다고 한다. 물론 이러한 문제는 기업의 사후 관리나 보증금 정책 등 다양한 방법으로 보완해 나가고 있지만, '공유'의 근본적인 문제 즉, 공유의 증가에 따른 재화나 서비스의 품질 하락은 해결하기가 쉽지 않다. 특히 이것이 결국 서비스 질의 불균형을 초래한다는 것이 가장 큰 문제이다. 대표적으로 기증받은 정장을 구직자들에게 대여해 주는 '열린 옷장'과 스터디룸, 파티룸, 연습실 등의 다양한 공간을 대여해 주는 '스페이스클라우드' 등의 사례를 들 수 있다. 이들이 제공, 즉 공유하는 서비스는 빨리 닳거나 지저분해져 서비스의 질이 일정하게 유지되지 않을 수밖에 없다는 것이다. 나아가 공유하는 서비스의 질이 유지되지 않는다면 수요자는 점점 줄어들 것이다. 이러한 결과가 쉽게 예측되는 '공유경제'가 과연 자본주의 사회를 이끌어나갈 4차 산업의 핵심 개념이라고 볼 수 있을지 의문이다.

마지막으로, '공유경제'가 미래의 핵심 산업이 되기에는 제도가 미비하다. 새로운 산업의 등장은 기존 산업을 위협하므로, 이 둘의 완전한 공존을 이루기 전까지는 반발과 분란이 발생한다. 카카오 카풀 서비스 시행으로 인한 택시 업체들의 반발, 우버 택시의 등장으로 인한 택시 업체들과 택시 이용객들 사이의 논쟁이 그 대표적인 예이다. 새로운 사업이 나타난다면 기존 산업의 시장 규모와 점유율이 줄어드는 것은 자유 시장 경제 체제를 추구하는 현시대에서 볼 수 있는 당연한 현상이다. 그러나 시장 경제의 급변과 이로 인한 혼란, 생업의 위협을 막기 위해서는 국가 차원에서 제도적 보호가 필요하다. 이는 기존 산업에 대한 보호이면서 동시에 새로운 산업에 대한 반발을 막아 새로운 산업의 성장 가능성을 함께 보호하는 것이 될 수 있다.

'공유경제'는 '공동으로 소유한다'는 좋은 의미로써 사람들을 현혹한다. 나아가 미래의 핵심 산업으로 꼽히고 있다. 그러나 '공유'에 대한 기존의 사고방식은 핵심 산업으로서의 성장을 방해하고 있다. 또 자본주의 제도에서 중요한 재화와 서비스의 질과 관련해서 '공유'를 하면 할수록 서비스의 질이 떨어진다는 큰 문제점이 있으며, 아직 마련되어 있지 않은 제도가 시장 경제에 혼란을 줄 수 있다는 문제가 있다. 이러한 문제점이 해결되지 않는 한 '공유경제'를 미래의 핵심 산업으로 논하기 어려울 것이다.

학생 글

학습 활동

1. 아래의 사항에 따라 '차별과 불평등' 또는 '사회적 약자'라는 키워드를 중심으로 브레인스토밍을 통해 학술 에세이의 화제를 떠올려 보자.

- 5명이 한 조를 이루어, 한 사람씩 돌아가며 화제를 말한다.
- 50개의 화제가 나올 때까지 계속 진행한다.
- 브레인스토밍의 핵심은 특별한 제한 없이 머릿속에 떠오르는 생각을 그대로 적어 가는 방식이다. '질'보다는 '양'이 중요하므로 이른바 '아무 말 대잔치'가 되어도 상관없으니 생각을 구속하지 않는다.

2. 브레인스토밍을 통해 다양한 화제가 제시되었다면, 그중에서 자신이 쓸 글에 대한 화제를 구체화시켜 범위를 좁혀 보고, 이러한 화제를 통해 어떠한 학술 에세이를 쓸 수 있을지 생각을 정리해 보자. 화제를 구체적으로 선정할 때에는 왜 이것이 문제가 되는지, 무엇을 문제 삼아 학술 에세이를 쓸 것인지를 반드시 생각해야 한다.

3. 화제가 구체적으로 정해졌다면 질문 형식으로 문제 의식을 설정하고, 설정된 문제 의식을 바탕으로 자신이 학술 에세이를 통해 하고 싶은 말, 즉 주제를 문장 형식으로 써 보자. 주제문은 반드시 1문장일 필요는 없다. 2~3문장도 가능하고 길어진다면 4~5문장도 괜찮다.

4. 주제문을 완성했다면, 자료를 탐색하고 학술 에세이의 개요 및 연구 계획서를 작성해 보자.

5. 개요 및 연구 계획서 작성이 끝났다면, 아래의 문서 양식을 지켜 2,000자 내외의 학술 에세이 한 편을 작성해 보자. 학술적 글쓰기에서는 정해진 문서 양식을 지키는 것이 매우 중요하다.

- 제목: 맨 윗줄에 쓸 것, 글자 포인트 15, 가운데 정렬
- 학과: 맨 위 제목줄에서 두 줄을 비우고 쓸 것, 글자 포인트 11, '학과: ○○○○'의 형식으로 쓸 것
- 학번: 학과 아랫줄에 쓸 것, 글자 포인트 11, '학번: ○○○○○'의 형식으로 쓸 것
- 이름: 학번 아랫줄에 쓸 것, 글자 포인트 11, '이름: ○○○'의 형식으로 쓸 것
- 본문: 이름을 쓴 줄에서 두 줄을 비우고 쓸 것, 글자 포인트 11, 왼쪽 정렬, 단락을 시작할 때 들여쓰기를 할 것

6. 학술 에세이 초고를 완성했다면, 5명이 한 조를 이루어 서로의 글을 돌아가며 읽고 동료의 글을 강평해 보자.

7. 학술 에세이의 초고를 고쳐 최종적으로 글을 완성해 보자.

12. 학술 보고서 및 논문 쓰기

이 장에서는 학술적 글쓰기 중 학술 보고서와 논문의 요건과 작성 방법을 알아보기로 한다.

12.1. 학술 보고서 및 논문의 요건

(1) 특징

학술 보고서와 논문은 연구 성과를 주어진 양식에 따라 작성하는 글이다. 정확하고 객관적인 내용을 논리적인 방식과 명확한 표현으로 작성해야 하며, 글쓰기 윤리와 연구 윤리를 철저히 준수해야 한다.

◆ 학술 보고서 및 논문의 요건

주제의 독창성	학술 보고서와 논문은 새로운 주제를 다루어야 한다. 기존에 다루어졌던 주제라면 연구 방향 또는 시각이 새로워야 한다.
논증의 타당성	학술 보고서와 논문은 자신의 견해를 주장하는 글이므로 타당한 근거와 논리적인 구성으로 주장을 뒷받침해야 한다.
형식의 정확성	학술 보고서와 논문은 일정한 규정을 준수하는 공식적 글쓰기이므로 형식을 정확하게 따라야 한다.

자료의 객관성	주장은 주관적일 수 있으나, 이를 뒷받침하는 자료는 누구나 납득할 수 있게끔 타당하고 객관적이어야 한다.
표현의 명확성	글의 정확성은 자료의 객관성과 함께 표현의 명확성으로 얻어지므로 의미가 모호한 표현을 삼가고, 정확한 어휘를 사용하도록 해야 하며 띄어쓰기 및 맞춤법 규정을 준수해야 한다.
인용의 윤리성	인용 여부를 솔직하게 밝혀야 하며 참고하는 자료의 출처를 명확하게 표기해야 한다.

학술 보고서는 연구 대상과 작성 목적에 따라 학습 보고서, 답사 보고서, 조사 보고서, 실험 보고서 등으로 나눌 수 있다. 보고서는 연구, 학습, 조사, 실험 등의 절차와 내용을 보고하는 것이 주된 목적이므로 정해진 형식에 맞추어 그 내용을 체계적으로 구성해야 한다. 목적과 연구 분야에 따라 그 형식과 분량이 상이하다. 논문은 연구 결과 및 주장을 논증하는 글로, 전문 학술지에 게재하는 학술 논문과 학위 취득을 위한 학위 논문으로 나눌 수 있다. 학술적 전문성에 기반을 두고 있으므로 보고서에 비해 지켜야 하는 형식과 절차가 엄격하며 자신의 관점이 명확하게 드러나야 한다.

◆ 학술 논문과 학위 논문의 차이

	학술 논문	학위 논문
목적	연구 성과 공표 및 공유	학위 취득
분량	20쪽 내외(해당 학회 규정에 따름)	100쪽~400쪽
형식	해당 학회 규정에 따름	소속 기관의 규정에 따름
심사자	• 학회에서 위촉(비공개) • 2명~5명(해당 학회 규정에 따름)	• 논문 지도교수를 포함한 내·외부 심사 위원 위촉(공개) • 석사 논문 3인, 박사 논문 5인
자격 요건	해당 학회 회원(상세 조건은 해당 학회 규정에 따름)	소속 기관의 학위 과정 수료 기준을 충족한 사람

길잡이 1. 학회와 학회지의 정보를 찾는 방법

학회의 규정은 학회의 누리집에서 확인할 수 있다. 자신의 전공 분야 학회, 학회의 규정 및 학회지에 대한 자세한 정보를 알고 싶을 때에는 한국연구재단 누리집(https://www.nrf.re.kr/)의 '등재학술지목록'에서 확인할 수 있다.

(2) 구성

논문은 학문 분야나 학문 공동체에 따라 그 구성 및 순서에 차이가 있지만 공통적으로 학술 논문은 '연구 제목, 초록, 본문, 참고 문헌' 등으로 구성되고, 학위 논문은 '표지(제목, 소속), 학위 논문 제출서, 심사위원 인준서, 내용 목차, 표 목차, 그림 목차, 본문, 참고 문헌, 부록, 색인, 초록' 등으로 구성된다.

학술 보고서는 '표지, 목차, 본문, 참고 문헌'으로 비교적 간단하게 구성된다. 학술 보고서의 표지에는 보고서의 내용을 알 수 있는 제목, 과목명, 담당 교수명, 제출 일자, 제출자 정보를 쓴다. 요즈음에는 별도의 표지를 두지 않고 제목 다음에 제출자 정보, 제출일, 목차 등을 작성하고 본문을 바로 이어 쓰는 경우도 많다.

◆ 학위 논문의 구성

- 표지: 학위 정보, 지도교수 이름, 제목과 부제, 소속, 이름, 제출 연월
- 제출서
- 인준서
- 국문 또는 영문 초록
- 차례: 내용 차례, 표 차례, 그림 차례 등
- 본문: 서론, 본론, 결론
- 참고 자료: 참고 문헌, 부록 및 색인

길잡이 2. 실제 학위 논문의 목차

학위 논문의 목차는 학술 논문에 비해 상대적으로 자세하게 제시한다. 장, 절뿐만 아니라 항과 목까지 제시하기도 한다. 또한 내용 목차를 비롯하여 표 목차, 그림 목차, 그래프 목차 등까지도 제시한다. 아래는 이지용(2017)의 박사 학위 논문인「한국어 유사 문법 항목의 선정 연구」의 목차와 표 차례 일부이다.

1. 서론
   1.1. 연구 목적
   1.2. 선행 연구
      1.2.1. 필요성 및 제시 방식에 관한 연구
      1.2.2. 교육 내용 및 방법에 관한 연구
   1.3. 연구 범위 및 방법

2. 한국어 유사 문법 항목과 유사성
   2.1. 한국어 교육용 유사 문법 항목
      2.1.1. 교육 문법
      2.1.2. 문법 항목
      2.1.3. 유사 문법 항목
   2.2. 유사성
      2.2.1. 유사성의 개념
      2.2.2. 유사성의 범위
      2.2.3. 유사성에 따른 유형

3. 한국어 유사 문법 항목의 1차 선정
   3.1. 선정 방법
   3.2. 선정 단계
      3.2.1. 1단계: 사전별 추출
      3.2.2. 2단계: 1차 기준 적용
      3.2.3. 3단계: 2차 기준 적용
         3.2.3.1. 항목 통합 기준
         3.2.3.2. 비교군 통합 기준
   3.3. 1차 선정 목록

4. 한국어 유사 문법 항목의 유형 분류
   4.1. 분석 기준 및 방법
      4.1.1. 분석 기준
         4.1.1.1. 의미적 유사성
         4.1.1.2. 형태적 유사성
      4.1.2. 분석 방법
   4.2. 분석 결과
      4.2.1. 의미유사군
      4.2.2. 형태유사군
      4.2.3. 복합유사군
      4.2.4. 의미인접군과 형태인접군

5. 한국어 유사 문법 항목의 최종 선정
   5.1. 설문 조사 방법
      5.1.1. 조사 대상 및 방법
      5.1.2. 조사 내용
   5.2. 설문 조사 결과
      5.2.1. 전문가 대상 설문 조사 결과
         5.2.1.1. 적절성 분석
         5.2.1.2. 항목 조정
      5.2.2. 한국어 교육용 유사 문법 항목의 선정

6. 결론

참고 문헌

<부록-1> 선정 단계에 따른 목록
<부록-2> 전문가 대상 설문 조사 자료
Abstract

표 차례

◆ 학술 보고서의 표지

표지를 두는 경우	별도의 표지를 두지 않는 경우
전기자동차의 양면성 교과목명: 학　　과: 학　　번: 이　　름: 제 출 일: 담당교수:	전기자동차의 양면성 교과목명: 학　　과: 학　　번: 이　　름: 제 출 일: 담당교수: -목 차- 1. 서론 2. 전기자동차의 장점 2.1. 배기가스 미배출 2.2. 에너지 효율 3. 전기자동차의 문제점 3.1. 전기 생산에 따른 공해 문제 3.2. 배터리 문제 4. 결론 1. 서론 전기자동차는 전기 공급원으로부터 충천받은 전기 에너지를 동력원으로 사용하는 자동차로 '친환경적 자동차'로 불린다.

길잡이 3. 논문에서의 '감사의 글'

'감사의 글'은 논문 작성의 과정에서 도움을 준 사람들을 밝히고 감사의 말을 전하는 것으로 반드시 써야 하는 것은 아니다. 학위 논문에서는 주로 한 면을 할애하며, 시작 부분 또는 끝 부분에 배치한다. 학술 논문에서는 글의 시작에 각주를 이용하여 한두 문장 정도로 간결하게 쓴다.

연습 문제 1

전공 관련 학술 논문과 학위 논문을 한 편씩 찾아서 비교한 후 차이점을 써 보자(목차 구성, 형식, 전체 분량, 구성 요소별 내용 및 분량 등).

12.2. 학술 보고서 및 논문 쓰기의 실제

(1) 계획하기

학술 보고서 및 논문을 작성하기 전에는 먼저 주제를 선정하고 관련된 선행 연구를 포함한 기초 자료를 수집해야 한다. 이를 바탕으로 본인의 연구를 설계하고 연구 계획서를 작성한다.

◆ 학술 보고서 및 논문 계획하기

단계	내용
주제 설정	• 자신이 관심 있는 분야의 화제를 선정한다. • 화제와 관련된 핵심어로 선행 연구를 검토하면서 주제를 좁혀 나간다. • 자신의 능력으로 쓸 수 있는 주제를 설정한다.
자료 수집	• 화제의 범위를 좁혔다면 그것에 대한 내용을 확장해 보면서 여러 가지 문제를 정리해 본다. • 화제와 관련한 핵심적인 내용부터 주변적인 내용까지 생각나는 대로 빠짐없이 적어 보면서 정리해 본다. • 아이디어 정리뿐만 아니라 내용을 확장할 때에도 '브레인스토밍'이나 '마인드맵' 등의 방법을 활용할 수 있다.
연구 설계	• 정리한 내용을 확인해 보고 자신이 관심 있는 것, 자신의 능력으로 가장 잘 쓸 수 있는 것을 추려 본다. • 다음으로 추린 내용과 관련하여 많은 선행 연구를 검토한 후에 주제 범위를 한정해야 한다.
연구 계획서 작성	• 연구 주제, 연구 목적, 이론적 배경, 연구 대상 및 범위, 연구 방법(또는 가설과 연구 원리), 연구 결과(또는 예상되는 결과), 연구의 의의 및 시사점, 참고 문헌 등을 작성한다.

※주제 설정은 5장, 자료 수집은 8장, 연구 계획서 작성은 6장 참고.

길잡이 4. **학술 정보 검색 사이트(RISS)에서 선행 연구 목록 만들기**

학술 보고서 및 논문을 작성하기 위해서는 선행 연구를 검토하는 과정이 필수적이다. 이를 위해서 선행 연구 목록을 작성해 두면 좋다.

- 학술 정보 검색 사이트(RISS)에서는 '국내학술논문, 학위논문, 해외학술논문, 단행본, 연구 보고서' 등의 조건에 따라 선행 연구를 검색할 수 있고 그 목록을 만들 수 있다.
- 더불어 '정확도순, 연도순, 인기도순, 제목순, 저자순, 발행 기관순'의 조건으로도 선행 연구를 검색하고 그 목록을 만들 수 있다.
- 또 '원문 유무, 음성 지원 유무, 학위 유형, 수여 기관, 발행 연도, 작성 언어, 지도 교수'로 검색 결과를 좁혀서 확인할 수 있고, 그 목록도 만들 수도 있다.

◆ 학술 보고서 및 논문의 연구 계획서 예시

연구 계획서

소속	·	이름	·

구분	내용
제목	번역 투 표현에 대한 인식
연구 배경	• 공공언어는 일반 국민을 대상으로 하는 것이므로 우리말다운 쉬운 표현을 사용해야 한다. • 하지만 '~함에 있어', '~로 하여금', '~는 경우' 등과 같은 우리말답지 않은 번역 투 표현이 자주 쓰여 읽기 효율이 떨어진다.
연구 목적 및 의의	• 공공언어에서 자주 쓰이는 번역 투 표현을 분석한다. • 번역 투 표현에 대한 시민들의 인식을 조사한다.
선행 연구 검토	• 국립국어원에서는 <한눈에 알아보는 공공언어 바로 쓰기>(2019) 등과 같은 자료를 배포하여 쉽고 바른 공공언어를 사용할 것을 권고하고 있으나, 여전히 공공언어에 번역 투 표현이 무분별하게 사용되고 있다. • 시민들의 인식을 조사하여 번역 투를 다듬어 써야 할 필요성을 강조할 수 있다.
연구 방법 및 대상	• 2021년에 진주시에서 배포한 보도자료를 대상으로 번역 투를 분석한다. • 설문조사를 통해 분석한 번역 투에 대한 시민들의 인식을 살펴본다. 더불어 세대에 따른 인식의 차이를 살펴본다.
개요 및 구성	1. 번역 투 표현 사용 실태 2. 번역 투 표현의 종류 2.1. 일본어 번역 투 2.2. 중국어 번역 투 2.3. 영어 번역 투 2.4. 기타 3. 우리말다운 표현 4. 번역 투 표현에 대한 인식 조사 4.1. 설문 대상 및 방법 4.2. 설문 항목 5. 설문 결과 분석 5.1. 번역 투 표현에 대한 인식 5.2. 번역 투 표현에 대한 세대별 인식 6. 제언
참고 문헌	경상대학교 국어문화원(2019), 『공문서 바로 쓰기 [밑바탕]편』. 국립국어연구원(2003), 『어문 규범 준수 실태 조사 IV』. 국립국어원(2010), 『한눈에 알아보는 신문언어 바로쓰기』. 국립국어원(2019), 『한눈에 알아보는 공공언어 바로쓰기』. 문화체육관광부 국어정책과(2012), 『한눈에 알아보는 보도 자료 바로쓰기』.

(2) 초고 쓰기

서론과 결론에 대한 자세한 설명은 10장의 '서론과 결론 쓰기'를 참고할 수 있다. 본론은 주장에 대한 근거를 제시하는 부분이므로 9장의 '논증하기'를 참고할 수 있다. 여기서는 쓰기 단계에서 유의해야 할 사항들을 거시적인 관점에서 살펴보도록 한다.

◆ **학술 보고서 및 논문 쓰기 단계**

서론	• 연구 목적과 필요성, 연구 대상 및 범위, 연구 방법, 이론적 배경 등을 설명한다.
본론	• 주장에 대한 근거를 논리적으로 제시하는 부분이다. • 전공 분야에 따라 '가설 설정, 실험, 데이터 분석' 등을 제시하기도 한다.
결론	• 주장에 대한 근거를 논리적으로 제시하는 부분이다. • 전공 분야에 따라 '가설 설정, 실험, 데이터 분석' 등을 제시하기도 한다.

길잡이 5. **논문 제목**

- 논문 제목은 논문의 전체 내용을 압축하여 보여 주는 것이다.
- 논문 제목은 명사로 끝맺는 것이 일반적이다.
  - '-이서'의 분포와 문법범주
  - 국내 항공우주산업의 현황과 전망
  - 온실가스 저감을 위한 국가별 신에너지 정책
- 논문 제목에 주로 사용되는 표현으로는 '~에 대한 연구, ~검토, ~분석, ~개발, ~영향, ~효과, ~방안, ~고찰' 등이 있다.
  - 경남 방언 담화표지에 대한 연구
  - 양압력을 받는 수직구 터널의 집수정 설계사례 검토
  - 텔레비전 뉴스에 보도된 건강정보 내용 분석
  - 안드로이드 기반 스마트폰을 활용한 실시간 BCG 모니터링 시스템 개발

- 부과방식(PAYG) 공적연금 도입이 출산율에 미치는 영향
- 불레기말 추출물의 항산화 및 항염 효과
- 심리상담센터의 지역사회 역할 및 협력 방안
- 수관형사 '한'의 통시적 고찰

길잡이 6. 논문에서 부제 활용하기

- 논문 제목에 담지 않은 구체적인 연구 대상이나 방법 등은 부제를 활용하여 나타낼 수 있다.
- 부제를 쓸 때에는 주로 '~을/를 대상으로', '~을/를 중심으로'와 같은 표현을 사용한다.

- 이두의 생략 표기에 대한 연구: 대명률직해를 중심으로
- 학문 목적 한국어 교육용 어휘와 연어 추출: 키워드 개념의 활용을 중심으로
- 사회적 구성주의 관점의 한국어 토론 수업 모형: 학문 목적 학습자를 대상으로
- 남녀 관련 신어의 변화에 대한 고찰: 2005년부터 2019년까지의 신어를 대상으로

연습 문제 2

다음을 적절한 논문 제목으로 바꾸어 보자. 필요하다면 부제도 활용해 보자.

내용	논문 제목
한국어를 학습하는 중국인이 발음하기 힘들어하는 모음과 효과적인 교육 방안을 모색한다.	
TV 홈쇼핑에서 쇼호스트의 특징적인 발화를 분석한다.	
3D 프린터의 국내 활용 사례를 알아보고 그 한계성을 분석해 본다.	
아파트 외부 공간의 디자인이 어떻게 변화했는지 조사한다.	
경제 관련 텍스트에 은유가 어떻게 나타나는지 인지의미론 이론을 기반으로 설명한다.	
'모두의 말뭉치'를 활용해서 세대별로 많이 사용하는 부사를 살펴본다.	

(3) 고쳐 쓰기

퇴고를 할 때는 먼저 내용의 전체적 흐름을 점검하는 것이 우선이다. 각 부분의 흐름이 유기적인지, 분량이나 내용의 균형이 적절한지, 단락, 장, 절 등의 순서를 재배치할 필요가 있는지 등을 살펴야 한다.

◆ 통일성을 갖추기 위해 점검해야 할 사항

- 전체적인 내용 흐름이 주장과 관계없는 방향으로 흘러가지는 않았는가?
- 주요 문제 이외의 다른 부분이 오히려 더 부각되지는 않았는가?
- 단락과 장, 절 등의 배열은 체계적인가?
- 분량이나 내용의 균형이 적절한가?
- 논의 전개상 불필요한 내용이 들어 있지 않은가?
- 근거들이 주장을 효과적으로 뒷받침해 주고 있는가?

내용을 정확하게 전달하기 위해서는 어휘와 문장이 바르고 정확해야 한다. 이를 위해 한글맞춤법을 준수해야 하며 문맥에 적합한 어휘가 사용되었는지 점검해야 한다. 하나의 문장에 너무 많은 정보를 담지는 않았는지, 문장이 지나치게 길거나 복잡하지는 않은지, 또 문장 성분들이 잘 호응하는지를 검토해야 한다.

◆ 명확하게 표현하기 위해 점검해야 할 사항

- 정확한 개념을 모르고 쓴 어휘나 문맥에 적합하지 않은 어휘는 없는가?
- 어문 규정에 맞는 정확한 문장 및 어휘를 사용하였는가?
- 문장이 지나치게 길고 복잡하지는 않은가?
- 문장 성분이 적절하게 호응하는가?
- 뜻이 모호하거나 중의적으로 해석될 수 있는 문장이 있지는 않은가?
- 문장 부호는 바르게 쓰였는가?
- 오탈자는 없는가?

학술적 글쓰기에서는 적절한 내용을 구성하는 것만큼이나 정해진 형식을 준수하는 것이 중요하다. 표제의 형식을 비롯하여 목차의 형식, 장·절·항·목의 번호나 순서 표기의 방식을 확인해야 한다. 그리고 인용을 위한 주석 표기의 형식과 위치, 참고 문헌의 정리 방식 등이 정해진 형식에 부합하는지 확인해야 한다.

◆ 체계적인 형식을 갖추기 위해 점검해야 할 사항

- 표제, 목차, 표, 그림, 장·절·항·목 등의 형식을 따랐는가?
- 자료의 출처, 참고 문헌 등을 올바른 인용법을 사용하여 제시하였는가?

길잡이 7. 고쳐 쓰기의 방법: 삭제, 첨가, 재구성

- 삭제: 주제와 맞지 않는 어휘, 문장, 단락 등을 삭제하여 글을 간결하게 만들어야 한다.
- 첨가: 내용이 미흡하거나 균형이 맞지 않는 부분을 보완하여 내용을 풍부하게 만들어야 한다.
- 재구성: 문장이나 단락의 배치가 부자연스러운 부분, 논리적 전개 순서가 맞지 않는 부분을 짜임새 있게 재구성해야 한다.

◆ 학술 보고서의 실제

반려동물 보유세 도입의 이점

학 과:
학 번:
이 름:
제출일:

목차

1. 서론

반려동물은 사람이 정서적으로 의지하고자 가까이 두고 기르는 동물을 뜻한다. 이러한 뜻에서도 볼 수 있듯이 반려동물은 단순히 사람이 기르는 동물이라는 뜻에서 벗어나 사람과 함께 살아가며 가족 같은 존재라는 뜻 또한 포함하고 있다. 생활 수준의 향상, 1인 가구 증가 등의 영향으로 반려동물을 양육하는 가구가 점차 증가하고 있다.

이러한 반려동물의 증가로 인해 개물림 사고와 같은 안전 문제를 비롯하여 동물 유기, 동물 학대 등의 다양한 문제가 발생해 논란이 되고 있다. 이에 따라 농림축산식품부(2020)에서는 동물 보호·복지를 위해 지방자치단체의 동물보호센터나 전문기관을 설치할 필요성을 제시함과 동시에 '반려동물 보유세'를 도입할 것을 제안하였다.

이에 이 글에서는 인간과 반려동물이 더불어 살아가기 위한 환경을 조성하고 반려동물의 복지를 증진하는 데에 '반려동물 보유세'가 어떠한 도움이 될 수 있는지 검토해 보고자 한다.

2. 반려동물 보유세 논의의 배경

2.1. 반려동물 현황

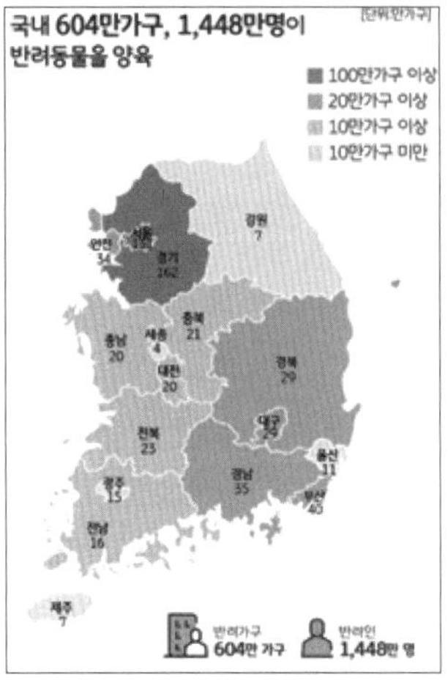

<그림 1> 한국의 반려 가구 현황

위 <그림 1>은 황원경·손광표(2021: 6)에서 우리나라의 반려 가구 현황을 나타낸 것이다. <그림 1>에서 알 수 있듯이 2020년 기준 우리나라 반려동물 양육 가구 수는 604만 가구로, 1,448만 명이 반려동물을 양육하고 있다. 즉 우리나라의 전체 가구 수인 5,182만 명의 27.9%가 반려동물을 양육하고 있음을 알 수 있다.

이후 경남연구원의 보고서에 따르면 반려동물 양육 가구 수는 638만 가구로, 앞선 2020년의 조사에 비해 6%가 증가하였다[1]. 이와 같은 추세라면 반려동물 양육 가구는 지속적으로 증가할 것으로 전망된다. 반려동물 양육 가구 수가 증가하는 추세인 만큼 이에 따라 발생하는 문제를 점검하고 이를 해결할 제도의 필요성이 제기된다.

1 김다솜(2022. 03. 21.),「반려동물 등록제 다양화해야」,『경남도민일보』, 3면.

2.2. 반려동물 관련 문제

반려동물의 수가 증가하면서 유실·유기되는 동물의 수도 함께 증가하고 있다. 2020년 한 해 구조된 유실·유기 동물이 13만여 마리에 이르는 것으로 나타났다. 유실·유기 동물이 증가하면서 여러 문제가 발생한다. 먼저 사람의 쾌적한 생활 환경과 안전을 위협받게 된다. 유실·유기 동물을 방치하면 굶주림과 야생성으로 공격성이 높아지게 되고, 무분별한 짝짓기로 개체 수가 증가하게 되기 때문이다. 다음으로 반려동물은 사람과 공존하는 대상이므로 유실·유기되었다는 것은 반려동물들이 안전을 보장받지 못하는 상황에 처하게 되었음을 뜻한다. 즉 반려동물의 복지를 실현하는 데에도 어려움이 있다.

이를 해결하는 방법으로는 유실·유기 동물의 구조, 개체 수를 조정하기 위한 중성화 시술, 반려동물의 복지 증진을 위한 시설 운영 등이 있다. 나아가 이러한 일들을 체계적으로 관리하기 위해서는 전담 부처가 마련되어야 한다. 이는 모두 상당한 인력과 비용이 요구된다. 현재는 반려동물 관련 문제를 해결하는 데 드는 비용을 세금으로 운용하고 있으나 반려동물을 양육하지 않는 사람들은 이에 부정적인 입장을 내 놓고 있어 논란이 되고 있다. 반려동물을 양육하는 것은 세금으로 보장받아야 할 권리가 아니기 때문이다.

이상에서는 반려동물이 증가하면서 발생하는 문제들을 살펴보았다. 반려동물이 증가하면서 유실·유기 동물도 증가하게 되는데 이에 따라 안전 문제, 동물 복지 문제가 제기되었다. 또 이를 해결하기 위해 필요한 비용과 그 비용의 조달 문제가 논란이 됨을 살펴보았다. 이러한 문제는 '반려동물 보유세'로 해결해 나갈 수 있을 것이다.

3. 반려동물 보유세 도입의 이점

3.1. 자금 조달

'반려동물 보유세'는 반려동물을 키우는 사람들에게 매년 일정액을 거두는 제도를 말한다. 반려동물 보유세 도입의 가장 큰 이점은 이전에는 없던 안정적인 자금을 조달할 수 있게 된다는 것이다. 앞서 살폈듯이 현재는 반려동물과 관련해 필요한 자금을 국가와 지방자치단체가 마련하고 있어 세금 사용에 대한 불만이 제기되고 있다. 반려동물 보유세를 도입한다면 안정적인 자금이 마련되어 반려동물과 관련하여 발생하는 문제를 원활하게 처리할 수 있다. 또한 반려동물과 관련하여 발생하는 문제를 처리하는 비용을 오롯이 반려동물 보유세로 조달할 수 있게 되어 반려동물을 양육하지 않는 가구의 불만도 해소할 수 있다.

현재 주요 선진국은 반려동물 보유세를 징수하고 있거나 추진 중에 있다. 반려동물 보유세를 시행하고 있는 대표적인 국가인 독일의 경우 반려견 보유세로 반려동물 담당 부서를 따로 마련하여, 반려동물 등록 관리, 유기된 반려동물 보호, 방치된 배설물 청소 등을 전담하도록 하고 있다. 이와 같이 보유세를 도입해 반려동물을 국가 차원에서 체계적으로 관리하여 사람의 쾌적한 생활 환경 유지와 동물 복지를 위해 힘쓰고 있다.

반려동물 보유세에 대해 우희종(서울대학교 수의학과) 교수는 동물을 싫어하는 분들의 세금을 동물과 관련된 정책에 사용하는 것에 대해 논란이 되고 있다고 하며 반려동물 보유세에 찬성하는 입장을 밝혔다. 또한 녹색당은 한 해에 버려지는 반려동물의 수가 12만 마리가 넘고, 반려동물과 관련된 문제와 사회적 갈등이 끊이지 않고 있다고 지적하며, 무분별한 반려동물 분양과 유기를 막고 반려동물과 조화롭게 공존하는 사회를 위한 실질적 방안과 예산 마련이 필수적이라고 역설했다. 따라서 반려동물 보유세를 도입한다면, 반려동물 관련 비용을 안정적으로 확보할 수 있으므로 반려동물과 관련한 문제들을 원활하게 처리할 수 있을 것이다. 반려동물 보유세는 반려동물과 공존하는 문화와 제도 정착을 위한 예산 확보 차원에서 꼭 필요하다.

3.2. 동물 복지 향상

반려동물 보유세는 반려동물의 복지를 향상하는 데 기여한다. 반려인들에게 그 비용을 부담하게 함으로써 반려동물에 대한 책임감을 높일 수 있다. 무책임한 반려동물의 양육을 방지하여 단순 변심으로 반려동물을 파양하거나, 자격 이상의 많은 반려동물을 키우는 것을 줄일 수 있다. 반려동물을 평생 잘 돌볼 수 있는 사람이 반려동물을 양육할 수 있도록 하는 제도적 장치가 되기 때문이다.

또한 반려동물 보유세는 유기 동물 보호 시설, 동물 의료 시설을 설립하고 운영하는 데 운용할 수 있다. 현재 국가에서 운영하는 유기 동물 보호 시설 수는 매우 적어 이를 사설 시설이 대신하고 있는 실정이다. 사설로 운영할 경우 유기 동물을 체계적으로 관리하는 데에 재정적으로 한계가 있다. 재정적 한계는 곧 안정적인 복지를 제공하는 데 어려움을 준다. 일례로 기관에서 수용할 수 있는 동물 개체 수를 초과한 경우 수일 내에 입양되지 않는다면 안락사를 피할 수 없다. 또한 국가 운영 동물 의료 시설 역시 대학 부속 병원에 한정되어 있어 질 높은 의료 서비스를 받을 수 없다. 그렇기에 동물의 복지를 안정적으로 보장할 수 있는 재정적으로 안정된 국가 운영 시설이 마련되어야 할 것이다.

이와 더불어 반려동물 보유세로 동물과 함께 이용할 수 있는 숙박 시설이나 유희 시설 등의 반려동물 편의 시설 및 교육 시설 등을 설립하여 인간과 반려동물이 조화롭게 더불어 살아갈 환경을 조성하는 데에도 이바지할 수 있다.

반려동물 보유세 즉 반려동물을 위한 비용을 국가에서 공적으로 마련하는 것은 국가가 반려동물에 관한 복지 문제를 사회적 차원에서 해결하겠다는 점에서 큰 의미가 있다.

4. 결론

이 글에서는 인간과 반려동물이 더불어 살아가기 위한 환경을 조성하고 반려동물의 복지를 증진하는 데에 필요한 '반려동물 보유세'에 대해서 알아보았다. '반려동물 보유세'는 오롯이 반려동물의 복지를 위해 사용되므로 인간과 반려동물이 조화롭게 공존할 수 있는 실질적인 방안으로 평가된다. 반려동물 수가 지속적으로 증가함에 따라 사람의 쾌적한 생활 환경과 안전이 위협받게 되었고 반려동물 복지에 대한 관심이 높아지게 된 지금 안정적인 자금 조달이 가능하게 하고 동물 복지를 실현할 수 있는 '반려동물 보유세' 도입이 시급하다.

참고 문헌

<논저>

권용수, 이진홍(2020), 「반려동물 보유세 도입에 관한 기본적 고찰」, 『조세와 법』, 127-161.

이창규(2020), 「반려견세 도입을 위한 서론적 연구-독일의 개보유세 현황과 게마인데稅를 기초로-」, 『세무와 회계연구』 9-3, 339-375.

유태현, 정재진, 안수남(2020), 「반려견 보유세 도입에 대한 탐색적 연구」, 『한국정책연구』 20-4, 85-110.

<신문 기사>

김다솜(2022. 03. 21.), 「반려동물 등록제 다양화해야」, 『경남도민일보』, 6면.

이태수(2018. 10. 01.), 「"3곳 중 2곳, 동물등록 안 하고 키운다"」, 『연합뉴스』, 3면.

이진철(2018. 09. 30.), 「반려동물 등록제 '유명무실', 등록률 33.5% 불과」, 『이데일리』, 10면.

문채석(2021. 05. 17.), 「유실·유기동물 13만마리... 21% 안락사」, 『아시아경제』, 2면.

홍정민(2021. 05. 20.), 「2020년 반려동물 보호·복지 실태조사」, 『농수축산신문』, 10면.

이학범(2020. 01 20.), 「녹색당 '반려동물 세금'」, 『데일리벳』, 2면.

김민정(2020. 01 18.), 「수의학과 교수가 바라본 '반려동물 보유세'...찬성 or 반대」, 『이데일리』, https://www.edaily.co.kr/news(2023. 12. 31.).

◆ 학술 보고서의 실제

SNS의 발달에 따른 범죄와 그 대책

학 과:
학 번:
이 름:
제출일:

목차

1. SNS의 발달과 양면성

SNS는 1990년대 후반에 이용자 신상 정보 제공 기능이 그 보편적인 기능으로 자리잡게 되면서 급성장하기 시작하였다. 프렌드스터, 마이스페이스, 링크드인 등을 거치며 지속적으로 성장한 SNS는 2004년에 서비스를 개시한 페이스북으로 더 큰 인기를 끌게 되었고 지금까지도 그 인기를 이어 계속 성장하고 있다.

SNS는 많은 사람들이 서로 쉽게 교류할 수 있도록 한다. 또 다양한 정보를 게시해서 연계를 맺고 있는 이용자는 물론 다른 이용자와도 의견을 주고받을 수 있도록 한다. 이러한 장점으로 SNS는 21세기에 없어서는 안 될 매체가 되었다. 그러나 이와 동시에 이를 악용한 다양한 문제들이 발생하기도 한다. 대표적인 문제가 SNS를 활용한 사이버 범죄이다. 따라서 우리는 SNS 범죄의 유형을 제대로 알고 대처해야 한다. 이에 이 글에서는 사이버 범죄의 발생 현황과 SNS 발달에 따른 사이버 범죄의 유형을 살펴본 후 이를 막기 위한 대책을 제시해 보고자 한다.

2. 사이버 범죄 발생 현황

경찰청의 통계에 의하면 사이버 범죄는 지속적으로 증가하고 있음을 알 수 있다. <그래프 1>은 경찰청 통계를 참고하여 사이버 범죄 발생 건수와 그 증가세를 나타낸 것이다.

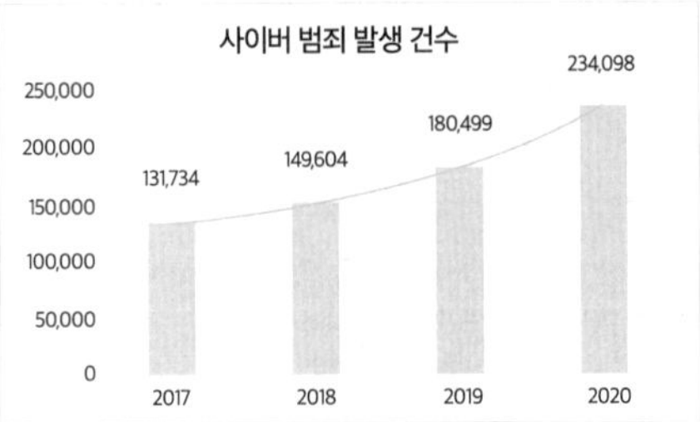

[그래프 1. 사이버 범죄 발생 건수]

위의 그래프를 통해 사이버 범죄가 지속적으로 증가하고 있음은 물론 그 증가폭이 점점 커지고 있다는 것도 알 수 있다. 사이버 범죄는 2018년에는 2017년보다 17,870건 증가했고, 2019년에는 2018년보다 30,895건 증가했으며 2020년에는 2019년보다 53,599건 증가했다. 이는 앞으로로 사이버 범죄가 큰 폭으로 증가할 것임을 시사한다. 따라서 사이버 범죄에 대해 그 심각성을 인지하고 주의해야 한다.

3. SNS의 발달에 따른 범죄

이상에서 사이버 범죄가 지속적으로 큰 폭으로 증가하고 있음을 살펴보았다. 이에 따라 사이버 범죄 중에서도 SNS의 발달에 따른 범죄도 증가할 것임을 알 수 있다. 이 장에서는 SNS 발달에 따른 범죄 유형인 '게시물 도용, 성범죄, 개인정보를 활용한 범죄'에 대해서 살펴보고자 한다.

3.1. 게시물 도용

'도용'이란 남의 물건이나 명의를 몰래 쓰는 것을 의미하는데 SNS 발달에 따라 사진이나 동영상 등의 게시물을 도용하는 범죄가 많이 발생하고 있다. 사기 행위를 벌이거나 불법 광고에 사용하기 위해 게시물을 도용하여 타인을 사칭하기도 하며, 얼굴만 합성하여 불법적인 사이트에 활용하기도 한다. 또는 단순히 개인적인 유희 또는 우월한 모습을 보여 주고자 하는 심리 등의 이유로 도용하기도 한다. 이러한 게시물 도용 범죄는 뚜렷한 물질적 손해를 입히지 않는다. 그렇기에 피해자들이 도용 사실을 확인한 후에도 피해를 증명하기 어려우며, 범죄자에 대한 처벌 역시 기대하기 어렵다.

'역대급 증명사진'이라는 별칭을 얻은 배우 이주빈의 증명사진이 비트코인, 주식, 투자 관련 홍보 게시물의 계정주 사진으로 사용된 것이 알려져 논란이 되었다. 이 사건은 피해자가 유명 배우이기 때문에 피해 사실을 알 수 있었고, 이에 더해 공식적으로 해명하거나 억울함을 호소할 수 있었다. 이러한 사건은 비단 유명인에게만 한정되는 일이 아니며, 초상권을 주장하기 어려운 일반인들에게도 빈번히 발생한다. 특히 일반인은 피해 사실을 즉각적으로 알기도 어려우며, 알게 되어도 해결하기 어렵다는 점에서 문제가 심각하다.

3.2. 성범죄

SNS를 활용한 성범죄도 심각하다. SNS에서 일어나는 성범죄로는 성매매를 홍보하고 알선하는 행위, 대화 기능을 활용하여 음란물 제작을 강요하거나 배포하는 행위, 그리고 대규모의 SNS 익명 대화방에서 이러한 제작물을 사고파는 행위 등이 있다.

성매매를 홍보하고 알선하는 행위는 SNS에 다양한 정보를 자유롭게 게시할 수 있다는 점을 이용한 것이다. 유해 게시물로 감지되면 SNS 운영 규정에 따라 일정 시간 내에 강제로 삭제를 당하게 된다. 그러나 그 이후 반복적으로 게시하거나 또 다른 계정을 사용할 수 있기 때문에 원하는 만큼 해당 게시물을 노출시키는 데에는 문제가 없다. 즉, 제약 없이 무엇이든 자유롭게 게시할 수 있다는 것 자체가 문제가 된다. 이러한 탓에 성 관련 유해 게시물이 미성년자들에게도 여과 없이 노출된다는 점에서 특히 문제가 심각하다.

SNS의 제약 없는 대화 기능도 문제가 된다. SNS에서는 사용자가 특정인을 선택적으로 제재하지 않는 이상 누구나 자유로운 대화가 가능하며, 한 애플리케이션의 '오픈채팅' 기능은 오히려 제약 없는 대규모 만남을 가능하게 한다. 이러한 자유로운 공간에서 금전이 필요한 미성년자나 가출 청소년 등을 상대로 하여 음란물 제작을 유도하기도 하고, 이를 불특정 다수에게 배포하거나 판매하기도 한다.

N번방 사건들의 가해자들은 대규모의 SNS 익명 대화방을 통해 만난 상대에

게 음란물을 제작하도록 하고 대가를 지불하였다. 또는 직접 만나 성범죄를 저지르기도 하며, 그 과정에서 음란물을 제작하기도 하였다. 그리고 이를 익명 대화방에서 무료로 배포하거나 유료로 판매하였다. 이에 가담한 사람은 수백, 수천 명에 달하나 주도한 소수만이 처벌을 받아 공분을 샀다. 최근 울진에서도 비슷한 사건이 발생해서 충격을 주었다. 이와 같이 SNS에서 일어나는 성범죄가 끊이지 않는 것은 성범죄에 해당하는 행위들을 제재하거나 처벌할 방안이 제대로 마련되지 않았기 때문이다.

3.3. 개인정보를 활용한 범죄

앞서 살핀 게시물 도용 문제와 성범죄 문제는 주로 SNS라는 가상의 환경에서 벌어지는 문제이다. 그러나 SNS로 인한 문제는 온라인에 한정되지 않고 실제적인 위협이 될 수 있다는 점에서 심각하다.

SNS에서 개인적인 생활 모습을 공유하는 것은 자연스럽고 일반적인 것이다. 현재 위치나 여행 중인 장소를 실시간으로 알리면서 다양한 사람들과 소통하며, 자신 또는 가족의 사진 및 일상을 공유하기도 한다. 그런데 이 과정에서 게시한 사진에서 추론할 수 있는 여러 정보가 유출되는 문제가 발생한다.

예를 들어 실시간으로 공유한 현재 위치를 비롯하여 일상 속 사진을 통해 거주지나 생활 반경, 동선 등을 파악하는 것이 가능하다. 무심코 올린 택배 박스의 송장 스티커를 확대하여 주소를 알아내기도 하며, 사진 속 빛의 방향으로 방의 구조를, 테이블 위 숟가락에 비친 모습으로 건너편에 앉은 상대를 특정하기도 한다. 이는 고화질의 휴대전화 카메라, 정밀한 지도 애플리케이션 등 기술의 발전으로 그 정도가 심각해지고 있다. 실제로 2019년 일본에서는 사진 속 눈동자에 비친 집의 구도와 사진 속 빛의 방향, 커튼의 위치 및 인테리어 등으로 여성 아이돌 가수의 집을 알아내어 스토킹하고 성추행한 사건이 있었다.

이와 더불어 모든 사람에게 공개되어 있는 계정의 경우 특정 정보가 아닌, 사용자의 존재 자체가 '유출된 정보'가 되기도 한다. 단순히 외모가 마음에 든다는 이유로 개인 대화 기능을 사용해 지속적으로 연락과 협박을 하고, 나아가 게시물을 통해 추론한 정보를 활용한 스토킹으로 이어지는 경우가 있기 때문이다.

이러한 문제가 발생하는 원인은 게시물을 올린 사용자에게 있는 것이 아니다. SNS는 소통을 주된 목적으로 하기에 정보를 쉽게 공유할 수 있으며, 그 속에서 즐거움 또한 얻는 것이 당연하기 때문이다. 그러나 한편으로 공유한 정보가 신변에 위협이 될 수 있으므로 이러한 비정상적 범죄를 예방하기 위해서는 각별한 주의가 필요하다.

4. 사이버 범죄의 대책

이상에서 SNS의 발달로 계시물 도용, 성범죄, 개인정보를 활용한 범죄 등이 발생할 수 있음을 확인하였다. 이러한 문제들을 해결하기 위해서는 처벌을 강화하거나 법안을 마련하는 등 제도적 개선이 필요하며, 이와 함께 인식 개선 및 교육을 통해 SNS를 건전하게 사용할 수 있도록 이끌어야 한다.

예를 들어 계정 도용 문제의 경우 피해는 있으나 그 피해가 물질적인 것이 아닌 탓에 피해를 규정하는 데에 어려움이 있으며 이에 따라 처벌이 어렵다. 범죄를 저지르는 사람들 역시 이러한 맹점을 노린 것으로 보인다. 그러므로 이를 해결하기 위해서는 법에서 규정하고 있는 피해의 범위를 정신적인 측면에까지 확대하고 이를 명시할 필요가 있다.

성범죄의 경우 상대적으로 규제가 적고 자유가 보장된 SNS의 사용 환경과 사람들의 잘못된 성 인식에서 비롯된다. SNS가 자유로운 소통망으로서 기능하기 위해서는 범죄가 근절되어야 하므로 일정 부분의 규제는 필수적이다. 예를 들어 특정 단어나 문구, 사진 유형에 대한 사전 필터링 시스템이나, SNS 내의 신고에 즉각 대응할 수 있는 시스템을 구축하는 방법이 있을 것이다.

또한 개인 정보를 활용한 범죄는 스토킹 범죄와 관련이 깊다. 스토킹에 대한 처벌이 경미한 탓에 발달된 기술과 SNS를 이용해서까지 스토킹을 시도하는 것이다. 이에 법에서 규정하는 스토킹의 범위를 넓히고 처벌을 강화하는 등 스토킹 관련 법안의 수정이 시급하다. 이와 함께 청소년뿐만 아니라 교사, 학부모, 사업자 등 사용자에 따른 정보 윤리 교육을 다각도로 시행하여 사용자 스스로도 개인 정보 유출에 경각심을 가질 수 있도록 도와야 한다.

5. 결론

SNS가 급속도로 발달하고 사용자의 범위가 넓어지면서 국가와 세대를 아우르는 자유로운 소통이 가능해졌다. 그러나 이와 함께 한편에서는 도용, 성범죄, 개인정보 범죄 등 다양한 범죄가 기승을 부리고 있다. 이는 결코 개인의 주의나 제도의 개선만으로 해결할 수 있는 일이 아니다. 사용자는 개인이지만 규제와 처벌은 제도의 몫이므로 안으로는 인식 개선과 교육을 통해 경각심을 가진 윤리적인 사용자로 이끌어야 하며, 밖으로는 법안의 개선 및 처벌의 강화로 범죄의 발생을 줄여나가도록 해야 할 것이다.

참고 문헌

<논저>

강동범(2007), 「사이버범죄 처벌 규정의 문제점과 대책」, 『형사정책』 19-2, 한국형사정책학회, 33-54.

한국소지자원(2007), 「이동전화 명의도용 피해실태 조사」 조사 보고서.

김민문정, 김경희, 이조은(2020), 「피해자를 선정적으로 소비하는 당신, N번방의 공범이다」, 『월간 복지동향』 259, 참여연대사회복지위원회, 50-55.

권오걸(2010), 「사이버범죄의 현황과 대책-대구지역을 중심으로-」, 『법학연구』 39, 한국법학회, 199-222.

<신문 기사>

양창훈(2022. 02. 15.), 「인스타그램에 올린 사진이 '불법 도박 사이트'에 사용된다면?」, 『CNB JOURNAL』, 6면.

김하영(2022. 03. 10.), 「조민아, 아들 SNS 해킹 문제로 "너무 속상해 발을 꼴딱 샜다"」, 『스포츠경향』, 1면.

박지혜(2022. 05. 31.), 「방탄소년단(BTS) 정국 인스타그램의 게시물을 전부 삭제.. 일부 팬들 "팔로워 4000만 돌파 보도자료 배포 관련 회사 측과 갈등 가능성"」, 『bnt뉴스』, 1면.

윤정주(2022. 05. 17.), 「"몸에 내 이름 쓴 사진 보내라" n번방처럼 협박」, 『JTVC』, 3면.

<웹 문서>

「사이버 범죄 현황」, 『경찰청』, https://www.police.go.kr/(2022. 6. 5.).

학습 활동

1. A4 5쪽 분량의 학술 보고서 또는 논문을 쓰기 위한 주제를 설정해 보자.

2. 위에서 설정한 주제와 관련한 자료를 다양하게 수집해 보자.

3. 수집한 자료를 검토하여 연구를 설계하고 연구 계획서를 작성해 보자.

4. 연구 계획서를 바탕으로 학술 보고서나 논문의 초고를 완성하고 발표해 보자.

5. 교수자와 동료의 피드백과 고쳐 쓰기의 다양한 방법을 참고하여 최종적으로 학술 보고서나 논문을 완성해 보자.

13. 실험 보고서 쓰기

이 장에서는 학술적 글쓰기 중 실험 보고서의 요건과 작성 방법을 알아보기로 한다.

13.1. 실험 보고서의 요건

실험은 과학 분야에서 이론이나 현상을 관찰하고 측정하거나 특정한 조건과 가설을 설정하여 검증하는 것으로, 이공계열에서 필수적인 연구 수단이다. 실험 보고서는 이러한 실험의 과정과 결과를 기록하는 것으로 실험 재료 및 장치부터 실험하는 방법 그리고 그 성과를 기록하여 다른 연구자들과 학문적 소통을 하게 된다. 실험 보고서는 약간의 차이는 있을 수 있지만 대체로 아래와 같은 내용으로 구성된다.

◆ 실험 보고서의 구성

• 실험 제목 • 실험 목적 • 이론 및 원리 • 실험 장치 및 준비물	• 실험 방법 • 결과 및 토의 • 결론 • 참고 문헌 목록

◆ 실험 보고서의 특성

실험 보고서는 실험한 내용과 결과를 다른 연구자들에게 알리는 학문적 소통의 수단이다. 그러므로 실험과 관련된 내용을 간결하고 정확하게 기록해야 하며, 그 결과의 과학적 의의를 명확하게 기술해야 한다. 또한 설사 실험에 실패하였더라도 그 실패의 요인을 분석하여 기록해야 한다.

13.2. 실험 보고서 쓰기의 실제

실험 보고서에는 '무엇을 하였는가', '어떤 방법으로 하였는가', '무엇을 찾아냈는가'를 담아야 한다. 작성하는 보고서마다 약간의 차이는 있을 수 있지만 대체로 다음과 같은 내용을 수록한다.

◆ 실험 보고서 쓰기 단계

단계	내용
서론	• 실험 배경 및 목적: 실험을 진행하게 된 배경과 실험을 통해 얻고자 하는 것이 무엇인지를 적는다. • 이론 및 원리: 실험에 활용되는 이론이나 원리를 적는다. 수식이나 그림을 통해 효과적으로 설명할 수 있다. • 기존 연구사 검토: 연구의 동향을 파악하여 해당 실험의 필요성과 중요성을 강조한다.
재료 및 방법	• 실험 장치 및 준비물: 실험하는 데 필요한 실험 장치와 시약 및 도구 등과 같은 준비물을 기록한다. • 실험 방법: 실험의 방법을 순서대로 적는다. 이때 복잡한 실험의 경우 도표를 그리거나 번호를 붙여 서술한다. • 다른 연구자가 실험을 재현할 수 있도록 실험 준비물의 종류와 양, 실험 방법을 구체적으로 작성해야 한다.
결과	• 실험을 수행하면서 관찰하거나 측정한 내용을 자세하게 설명한다. 다만 결과에 대한 의미와 해석은 다음 '토의' 단계에서 이루어지므로 '결과'만을 객관적으로 제시해야 한다.

토의	• 실험 전에 기대하였던 목표와 기댓값의 성취 여부를 기술한다. • 실험 결과에 대한 의미와 해석 및 실험 중요성을 기술한다. • 만약 예상한 결과가 나오지 않았거나 이론과 다른 결과가 나왔더라도 그 요인을 분석하여 밝혀야 한다. • 개선해야 할 점이나 이후의 연구 방향을 제시해야 한다. • 이때 '결론' 항목을 따로 두어 연구를 개괄하고 새로운 가설이나 이론을 제안할 수 있다.
참고 문헌	• 실험에 참고한 서적, 선행 연구 및 인터넷 자료 등을 기록한다. 이때, 자신이 속한 학문 공동체에서 사용하는 참고 문헌 작성 양식에 맞추어 정확하게 기록해야 한다.
전체 검토 및 표지 만들기	• 전체 검토: 실험 보고서 양식에 맞게 체계적으로 작성되었는지 검토한다. • 실험 제목: 실험 내용과 결과를 알 수 있도록 압축적이고 명료하게 쓴다. • 표지: 실험 제목, 실험 일시와 장소, 실험자의 정보를 기록한다. 실험자가 여럿일 경우 모두 기록한다.

길잡이 1. 실험을 하는 배경

• 어떤 원리나 이론이 일반적으로 적용되는지 검토하기 위해

• 새로운 이론을 제시하기 위해

• 선행 연구의 부족함을 채우기 위해

• 앞선 연구를 재검토하기 위해

• 현재 직면한 문제를 해결하기 위해

• 시의적으로 중요하고 필요한 사항을 검토하기 위해

길잡이 2. 실험 결과를 작성하는 방법

• 실험 결과, 실험 과정에서 얻어지는 데이터는 표로 정리하고 그림, 그래프를 통해 도식화한다.

• 실험 결과의 수치를 기술할 때에는 단위를 명확하게 제시해야 한다. 이때 숫자와 단위 사이는 띄지 않는다.

• 수치는 분수보다는 소수를 사용한다.
• 실험의 목적과 환경을 고려하여 유효 숫자의 자릿수를 정해야 한다.
• 측정값을 표준값과 비교할 때에는 상대오차(오차율)를 구하여 측정의 정확도를 언급한다.

길잡이 3. 실험 보고서에서 표와 그림 활용하기

• 실험 보고서에는 그림이나 표를 많이 활용한다. 예를 들어 실험 장치를 간단한 그림으로 설명하거나 실험 과정을 도식으로 설명하면 효과적이다. 또한 실험 결과를 체계적으로 보여주기 위해 도표를 활용하거나, 상관관계를 효과적으로 표현하기 위해 그래프를 활용할 수 있다.
• 표·그림·그래프에는 <표 1>, <그림 1>, <그래프 1>과 같이 일련 번호를 붙여야 한다. 이와 함께 내용을 설명하는 간단한 제목(캡션)을 붙여야 한다. 제목은 핵심적인 내용을 간결하게 표현해야 한다.
• 표·그림·그래프의 위나 아래에는 각 표·그림·그래프에 대한 충분한 설명을 함께 서술해야 한다.

길잡이 4. 실험 보고서 작성에 유용한 IMRaD 방식

• IMRaD는 주로 자연과학 및 사회과학에서 통용되는 것으로 전문 연구자와 일반 독자들이 효과적으로 정보를 주고받을 수 있는 실험 보고서의 형식이다.
• IMRaD는 'Introduction(서론), Materials&Methods(재료 및 방법), Result(결과) and Discussion(토의)'로 실험 보고서를 구성하는 내용과 작성 순서를 가리킨다.
• 'Discussion(토의)' 다음으로 '결론' 항목을 두어 연구를 개괄하고 새로운 가설이나 이론을 제안할 수 있다.

길잡이 5. 이공계열의 정보 수집에 유용한 정부 기관 및 연구소 누리집(홈페이지)

실험 보고서를 작성할 때에도 선행 연구 등의 정보를 수집하기도 한다. 이때 학술 정보 제공 누리집 외에 정부 기관 및 연구소의 누리집을 활용할 수 있다.

- 기초과학연구원: https://www.ibs.re.kr/kor.do
- 삼성종합기술원: www.sait.samsung.co.kr
- 안철수연구소: www.ahnlab.com
- 자동차부품연구원: http://www.katech.re.kr
- 한국과학기술정보연구원: www.kisti.re.kr
- 한국기초과학지원연구원: https://www.kbsi.re.kr
- 한국에너지기술연구원: https://www.kier.re.kr
- 한국지능정보사회진흥원: www.nia.or.kr

◆ **실험 보고서의 실제**

• 표지

[학생글]

실험실습보고서

$La_{0.9}Sr_{0.1}Ga_{0.8}Mg_{0.2}O_{3-\delta}$ 전해질 지지형 고체산화물
연료전지에서 최대 성능을 위한
LDC(La Doped CeO_2) 버퍼층의 최적 두께

지도교수	(인)
실험자	(인)

경상대학교 나노·신소재공학부

2020. 11.

• 목차

목 차

• 서론(목적 및 필요성)

2. 서론

2.1. 실험 실습의 목적 및 필요성

연료전지는 수소를 연료로 하여 산화 환원 반응에 의해 형성되는 전하의 이동 중 이온은 전해질을 통해 전달하고, 전자는 외부 회로를 통해 전달함으로써 화학 반응을 전기 에너지로 활용 할 수 있는 에너지 발전 시스템 중 하나이다. 그 중 Solid oxide fuel cells(SOFCs)는 고체산화물을 전해질로 이용하는 연료전지의 한 종류로, 산소이온 빈자리를 통해 산소이온을 이동시킨다는 점에서 다른 연료전지와 다른 특징을 갖는다. 산소 이온은 수소이온에 비해 큰 이온반경을 가지므로 전해질을 통과하는 과정에서 높은 활성화 에너지를 요구한다. 따라서 고체산화물 연료전지는 상대적으로 높은 온도에서 작동한다. 높은 작동온도에서 발생하는 열을 병합 발전에 이용하면서 높은 효율을 가질 수 있고, 수소뿐만 아니라 탄화 수소, 메탄 가스 등의 다양한 가스를 연료로 이용가능 하기 때문에 연료 유연성 측면에서 큰 장점을 갖고 있다. 이러한 장점은 SOFC가 수소 에너지 시장에서 큰 주목을 받는데 영향을 준다.[1-3]

산소이온 빈자리는 양이온의 산화수가 큰 산화물에 양이온 산화수가 작은 산화물을 일정량 도핑 함으로써 산소자리의 결핍에 의해 형성된다. 고체산화물 연료전지에서 이용되는 상용 이트리아 안정화 지르코니아(YSZ)는 Zr^{4+}자리에 Y^{3+}를 도핑 함으로써 산소 이온 빈자리를 형성하는 고체산화물 전해질 종류 중 하나이다. YSZ는 그림1과 같은 구조로 이루어져 있고, 이 구조는 아래와 같은 식으로 나타낼 수 있다.

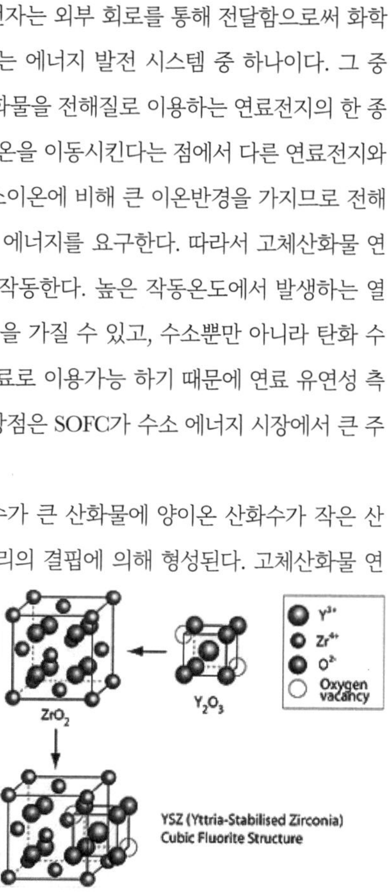

그림1 이트리아 안정화 지르코니아(YSZ) 구조
(https://en.wikipedia.org/wiki/Yttria-stabilized_zirconia)

$$2\,ZrO_2 + Y_2O_3 \rightarrow 2\,Y'_{Zr} + 2\,O^{x}_{o} + V^{\cdot\cdot}_{o}$$

• 서론(이론적 배경)

2.2. 실험의 이론적 배경

제조 및 내구성 측면에서 LSGM 전해질 기반 SOFC의 주요 문제는 고온 공정과 작동온도에서 상용 전극과 큰 반응성으로 인해 안정성이 떨어진 다는 것이다. 특히, Ni 계 음극재는 전해질 사이의 계면에 $LaNiO_3$와 같은 물질이 형성되는데 이 물질은 낮은 산소 분압 분위기에서 낮은 전도성을 띤다. 이차상인 $LaNiO_3$ 불순물은 입자의 조대화를 통해 작동 중 구조적 불안정성을 야기하고 기체상, 음극재 계면, 전해질 계면이 만나는 삼중점(TPB: three phase boundary)을 감소시켜 음극재의 촉매능을 감소시킨다. 이러한 불순물의 형성은 촉매능과 전기전도성이 뛰어난 Ni 음극재와 이온 전도성이 높은 LSGM 전해질을 함께 사용하여 높은 성능에 도달하는데 한계를 제공한다.

따라서 LSGM 전해질과 다른 전극 간의 반응을 방지하기 위해 LSGM 전해질 지지형 SOFC에 SDC, La 도핑 된 CeO_2(LDC: $La_{0.4}Ce_{0.6}O_{2-\delta}$) 및 Gd 도핑 된 CeO_2(GDC)와 같은 여러 버퍼층이 도입되었다. 버퍼층은 특정 물질의 확산을 막거나 불필요한 이차상 생성을 방지함으로써 성능 저하를 막아주는 역할을 한다. 이 중 LDC 버퍼층의 La^{3+} 농도가 LSGM 전해질 층의 농도와 유사하기 때문에 전해질의 La^{3+} 확산을 막아 줌으로써 $LaGaO_4$ 등의 절연상 생성을 막고, 전해질 및 음극 성능을 안정화 시킬 뿐만 아니라 향상시킨다고 보고되었다.[15]

조밀한 버퍼층은 다공성 버퍼층에 비해 삼중점 면적이 줄어들기 때문에 반응속도를 늦출 뿐만 아니라 음극 과전압을 야기하게 되고, 두꺼운 버퍼층은 산소이온의 확산거리를 늘리는 역할을 하므로 옴 저항을 증가시킨다.[16] 상용 LSGM 전해질 기반 SOFC에서 버퍼층의 두께와 밀도에 따라 LSGM 전해질과 음극 사이의 확산 반응을 효과적으로 방지하는 방법은 거의 연구되지 않았다. 위와 같은 전기화학적 특성에 의해 적당히 다공성 구조를 이루며 적절한 두께를 갖는 연구가 진행되어야 한다.

• 실험 방법

3. 실험방법

3.1 파우더 재료 준비

버퍼층인 $La_{0.4}Ce_{0.6}O_{2-\delta}$는 $La(NO_3)_3 \cdot 6H_2O$ (99 %, Wako Chemicals Co. Ltd., Japan), $Ce(NO_3)_3 \cdot 6H_2O$ (99.9%, Sigma Aldrich, USA), 양극 및 음극인 $Sm_{0.5}Sr_{0.5}CoO_{3-\delta}$ (SSC)와 NiO-$NiFe_2O_4$ (Ni-Fe)는 $Fe(NO_3)_3 \cdot 9H_2O$ (99%, Wako Chemicals Co. Ltd., Japan), NiO, SrN_2O_6 (99.9%, Sigma Aldrich, USA), $Sm(NO_3)_3 \cdot 6H_2O$ (99.9%, Alfa Aesar, USA), $Co(NO_3)_3 \cdot 6H_2O$ (98%, Sigma aldrich, USA)를 출발원료로 사용하여 다음과 같은 방법으로 제조 하였다.

각각의 물질의 몰 비율에 따라 양을 계산하여 비커에 넣어주고, 증류수(DI water)를 약 100ml 첨가해 주었다. 이후 증류수가 모두 증발할 때까지 523K에서 마그네틱바로 분당 300회의 회전속도로 회전교반 해주었다. 마그네틱바를 제거하고 남은 고체혼합물은 673K에서 2시간동안 열처리 해줌으로써 나이트레이트(NOx)를 제거했다. LDC버퍼 물질과 SSC 양극재는 1473K 5시간, Ni-Fe 음극재는 1073K 2시간 하소하고 알루미나 유발로 분쇄하여 전극으로 이용했다.

3.2 전해질 지지형 단전지 제작

본 연구에서는 전해질 지지형 SOFC가 내구성 확보에 유리하고 가장 대중적이기 때문에 전해질 지지형 단전지를 이용하였다.상용 $La_{0.9}Sr_{0.1}Ga_{0.8}Mg_{0.2}O_{3-\delta}$(LSGM, Kceracell Co. Ltd., Korea) 분말을 디스크 형태의 몰드에 약 6MPa (=1.16MPa·cm^{-2}) 만큼의 압력으로 일축 가압한 다음 1773K에서 5시간동안 소결하였다. LSGM 디스크는 200um 두께로 연마하여 이용하였다.

LSGM 전해질 위에 LDC 버퍼층 코팅은 파우더와 잉크 비히클 (VEH, Fuel cell materials, USA)을 2:1 (Powder : VEH)의 비율로 혼합한 후 슬러리 형태로 이용되었다. 슬러리를 직경 5mm(약 0.2cm^2)의 스크린을 이용하여 LSGM 전해질에 스크린 프린팅 하고, 1473K에서 2시간 동안 소결 하였다.

4. 결과 및 논의

고체 반응법으로 제조 된 합성 LDC, SSC, Ni-Fe의 분말 회절 패턴은 그림 2. (a)와 같다. 검은색 빨간색, 파란색 선은 각각 Ni-Fe, SSC, LDC 산화물의 XRD 패턴을 나타낸다. JCPDS 파일과 인덱싱 해보았을 때, 75-0158(LDC), 53-112(SSC), 10-0325(Ni-Fe_2O_4) 및 22-1189(NiO) 그림은 이차상이 없다는 것을 보여주며 JCPDS 파일과 잘 일치되는 것을 알 수 있다. LDC(파란색 선)에서 La은 CeO_2와 잘 합성되었으며, La 산화물과 관련된 XRD 패턴은 보이지 않았다.

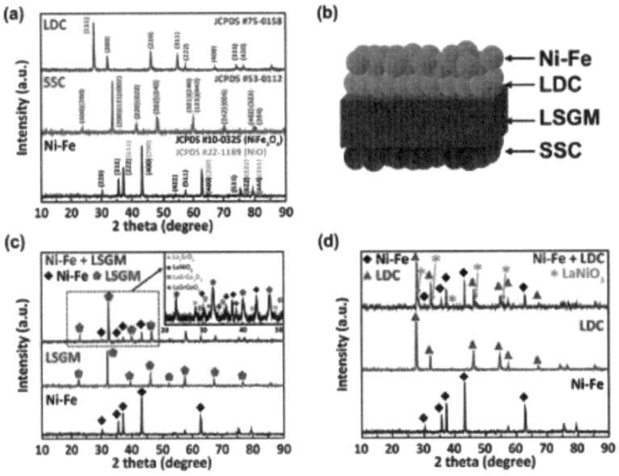

그림 2. (a) 합성된 분말의 XRD 스펙트럼. La-doped ceria(LDC)는 파란색 선, $Sm_{0.5}Sr_{0.5}CoO_{3-d}$(SSC)는 빨간색 선, NiO-$NiFe_2O_4$(Ni-Fe)는 검정색 선을 나타냄. (b) 본 연구에 사용된 전해질 지지형 단전지의 개략도. 1273K에서 2시간 동안 하소 된 (c) Ni-Fe와 LSGM 혼합물과 (d) Ni-Fe와 LDC혼합물의 XRD 스펙트럼

그림2. (a)에서 나타나는 XRD 패턴은 LDC가 Fluorite Oxide 구조를 이루고 있다는 것을 알 수 있고, Ce^{4+}(0.97Å)에 La^{3+}(1.10Å)가 도펀트로 들어가면서 이온 반경 차이로 인해 CeO_2에 비해 낮은 각도 방향(왼쪽)으로 peak shift가 발생한다. SSC(빨간색 선)은 원하는 perovskite 상이 얻어졌다. 제조 된 Ni-Fe 분말은 NiO 및 $NiFe_2O_4$에 대한 전형적인 XRD 회절 패턴을 나타냈다. 1273K 공기 분위기에서 2시간 동안 하소 한 후 Ni-Fe와 다른 전지 구성요소(LSGM, LDC) 사이의 화학적

• 결론

5. 결론

Ni-Fe 음극과 LSGM 전해질 사이에 LDC 중간층을 사용함으로써 SOFC 작동 분위기아 온도 범위 조건에서 성능에 좋은 영향을 미친다는 것을 알 수 있었다. LDC 버퍼층이 없는 단전지(NIL)에서 Ni 및 La의 확산은 전극-전해질 계면에서 이차상을 생성하여 성능저하를 일으켰다. 그러나 LDC 버퍼층이 있는 단전지가 있는 셀은 1123K에서 최대 전력 밀도가 2.2W·cm^{-2}로 LDC 버퍼층이 없는 단전지 보다 두 배 이상 높은 것으로 나타났다. 또한, LDC 버퍼층 두께의 최적화 연구를 수행하여 20μm 두께에서 최대 전력 밀도를 얻을 수 있다는 것을 보였다. LDC 버퍼층의 두께가 얇으면 Ni-Fe 음극의 이온이 LDC 층을 지나 LSGM 전해질로 이동이 가능하고, 결과적으로 이차상이 형성되어 총 저항이 증가하게 된다는 것을 밝혔다. 반면에 LDC 층이 두꺼우면 확산 거리가 증가하여 옴저항과 분극 저항이 증가하고 이에 따라 성능이 저하되는 결과를 보였다. 따라서 Ni계 음극재 사용시 최적의 두께를 갖는 LDC를 적용하여 높은 성능과 장기적인 안정성을 확보 할 수 있었다.

• 참고 문헌

6. 참고 문헌

[1] Brian C. H. Steele, Angelika Heinzel, "Materials for fuel-cell technologies", Nature, 2001년, 414, pp345-352

[2] S.C Singhal, Advances in solid oxide fuel cell technology, Solid State Ionics, 2000년, 제135권, 1-4, pp305-313

[3] Nguyen Q. Minh, Solid oxide fuel cell technology-features and applications, Solid State Ionics, 2004년, pp271-277

[4] Selmar de Souza, Steven j. Visco and Lutgard C. De jonghe, Reduced-temperature solid oxide fuel cell based on YSZ thin-film electrolyte, The Electrochemical Society, 1997년, 144-3, L35-L37

[5] Johm B. Goodenough, Oxide-ion conductors by design, Nature, 2000년, 404, pp821-823

[6] T Takahashi, H Iwahara, Ionic conduction in perovskite-type oxide solid solution and its application to the solid electrolyte fuel cell, Energy Conversion, 1971년, 11-3, pp105-111

[7] Kevin Huang, Man Feng, John B. Goodenough, Christopher Milliken, Electrode performance test on single ceramic fuel cells using as electrolyte Sr- and Mg-doped LaGaO3, ECS, 1997년, 144, pp3620-3624

[8] Tatsumi Ishihara, Hideaki Matsuda, Yusaku Takita, Doped LaGaO3 perovskite type oxide as a new oxide ionic conductor, JACS, 1994년, 116-9, pp3801-3803

[9] T. Ishihara, Oxide ion conductivity in perovskite oxide for SOFC electrolyte, in: T. Ishihara (Eds.), Perovskite oxide for solid oxide fuel cells, Springer, 2009년, pp71-73

학습 활동

1. 전공 분야의 실험 보고서를 세 편 이상 찾아보자.

2. 위에서 찾은 실험 보고서의 전체적인 구성과 전개를 살펴보고 목차를 정리해 보자.

3. 실험 보고서에서 표와 그림이 어떻게 활용되고 있는지 살펴보자.

4. 전공 관련 실험을 수행하고 실험 보고서를 작성해 보자.

14. 제안서 쓰기

이 장에서는 학술적 글쓰기 중 제안서의 요건과 작성 방법을 알아보기로 한다.

14.1. 제안서의 요건

제안서는 어떤 사업이나 연구를 진행하기 위해 자신의 계획이나 구상 등을 상대방에게 구체적으로 제시함으로써 이에 대한 동의를 구하는 것이다. 따라서 상대방이 궁금해 할 내용을 잘 파악하여 명확하게 제시하여야 한다. 제안서에는 연구 계획서, 사업 계획서, 정책 제안서, 기술 제안서 등이 있다. 특히 최근에는 대학에서 공모전, 연구 사업, 해외 연수 등과 같은 다양한 프로그램의 지원자를 모집할 때 제안서를 요구하고 있다. 제안서의 내용은 독창적이어야 하며, 실현 가능한 것이어야 한다. 또한 제안하는 내용과 중요성 그리고 수행 방법과 시간 및 비용을 구체적이고 정확하게 담아야 한다. 이때 제안서의 내용은 누구나 쉽게 이해할 수 있게 써야 하며, 항목 간의 내용이 하나의 주제를 드러내도록 해야 한다.

◆ **제안서의 요건**

독창성	기존에 다루어지지 않았던 내용을 주제로 삼아야 한다. 기존에 다루어졌던 주제라면 접근 방식이나 관점이 새로워야 한다.
현실성	제안서의 내용은 제안자의 역량으로 실현할 수 있는 것이어야 한다. 또한 정해진 기간 내에 수행할 수 있는 것이어야 한다.
구체성	사업이나 연구의 내용, 방법, 계획 등은 피상적인 방향이 아닌 구체적으로 작성해야 한다.
정확성	제안서에 명시한 내용 및 수치는 정확한 이론적 근거와 조사를 바탕으로 작성해야 한다.
용이성	제안서에 제시된 내용은 누구나 쉽게 이해할 수 있어야 한다. 이를 위해 쉽고 명확한 어휘와 간결한 문장으로 작성해야 한다.
유기성	제안서의 제목, 목적, 방법, 내용, 활용 방안 등의 각 항목들은 하나의 주제로 연계되어야 한다.

14.2. 제안서 쓰기의 실제

(1) 제안서 작성 과정

제안서는 일반적으로 형식이 제시되는 경우가 많다. 따라서 제시된 형식에 따라 모든 항목을 구체적으로 빠짐없이 쓰되 전체 내용은 유기적으로 연계되도록 구성해야 한다.

◆ **제안서 작성 과정**

계획하기	① 방향 설정	• 제안서를 공모하게 된 상황과 배경 등을 파악하고 그 기획 의도에 맞게 제안서의 목표와 방향을 설정해야 한다. • 제안서의 형식과 작성 지침을 꼼꼼히 확인해야 한다.
	② 자료 수집 및 분석	• 설정한 제안서의 목표와 방향을 고려하여 자료를 수집한다. • 수집한 자료를 분석하여 제안서의 배경이 되는 자료, 제안서의 바탕이 되는 이론 자료, 제안을 뒷받침하는 근거가 될 자료로 구분한다.

초고쓰기	① 개요 구성	• 분석한 자료를 바탕으로 제안서의 뼈대, 즉 개요를 구성한다. • 준비한 자료들을 각 항목에 적절하게 배치하여 설득력을 갖추어야 한다. • 각 항목은 그 내용이 일관적이어야 하고, 항목 간은 유기적으로 연계되도록 내용을 구성해야 한다.
	② 내용 작성	• 수집한 자료와 앞서 작성한 개요를 토대로 초고를 작성한다. • 한 번에 완벽한 초고를 작성하기보다는 여러 번의 수정 과정을 거쳐 완성도를 높이는 것이 좋다.
고쳐쓰기	① 재검토	• 작성한 초고는 여러 번에 걸쳐 재검토해야 한다. • 전체 항목이 유기적으로 연계되어 설득력을 갖추고 있는지 검토해야 한다. • 전체적인 구성부터 자료의 적절성, 오탈자 여부에 이르기까지 정밀하게 점검해야 한다.
	② 수정 및 보완	• 근거 자료가 부족하면 자료를 보완해야 한다. • 앞서 확인된 오류들을 수정하고 보완하여 완성도를 높인다.

(2) 제안서 항목별 작성 방법

제안서는 사업이나 연구를 제안하게 된 배경을 비롯하여 사업이나 연구의 목표와 내용, 세부 추진 계획, 기대 효과, 예산 등으로 구성해야 하고, 각 항목은 구체적으로 작성되어야 한다. 또 각 항목은 제안서의 목적이 잘 드러나도록 작성해야 한다. 즉 제목을 선정하는 것부터 배경 및 필요성, 기대 효과 및 활용 방안 등에 이르기까지 각 항목은 제안서의 목적을 효과적으로 밝히는 과정이 되어야 한다.

◆ 제안서 항목별 작성 방법

제목	• 제안서의 핵심 내용이 드러나야 한다. • 제안서의 제목에는 연구 대상 및 사업의 범위와 그 의미가 포함되어야 한다. 필요에 따라 부제를 사용할 수도 있다. • 추상적이거나 모호한 표현을 삼가고 명료하고 정확한 표현을 사용해야 한다.

배경 및 필요성	• 수행하고자 하는 내용의 필요성을 드러내야 한다. 즉 제안하고자 하는 연구 및 사업이 왜 필요한지 그 당위성을 기술해야 한다. • 선행 연구의 현황을 살펴 선행 연구의 부족함 또는 선행 연구와의 차별성을 제시해야 한다. 또는 현재 직면한 문제를 제시하여 그 문제를 해결하거나 연구해야 하는 필요성을 제시해야 한다.
방법	• 자료 수집 및 분석, 해석 등의 방법을 구체적으로 제시해야 한다. • 방법은 실현 가능한 것이어야 하며, 왜 그 방법으로 연구 및 사업을 수행하는지에 대한 이유, 즉 방법의 타당성도 밝혀야 한다.
기대 효과 및 활용 방안	• 연구 및 조사 제안서는 그 연구 및 조사가 학문(학계) 또는 사회에 미칠 긍정적인 효과에 대해 서술해야 한다. 즉 그 연구 및 조사의 의의를 밝힌다. • 사업 제안서는 그 사업이 사회에 어떤 기여를 할 것인지에 대해 서술해야 한다. 그리고 그 사업의 결과가 사회에 어떻게 활용될 수 있는지도 기술해야 한다. • 기대 효과 및 활용 방안에 대해 막연하게 서술하는 것이 아니라 구체적인 내용을 제시해야 한다. 또 다양한 측면으로 나누어 그 긍정적인 효과를 제시하는 것도 좋다. • 필요에 따라 기대 효과를 수치로 객관화하여 보여줄 수 있다.
추진 일정	• 예상 진행 과정과 내용을 월별, 주별로 자세하게 제시해야 한다. 표를 활용하여 한눈에 볼 수 있게 제시하는 것이 좋다.
참고 문헌	• 활용한 문헌 및 자료 목록을 정해진 형식에 맞게 기술한다.

길잡이 1. 제안서 제목 쓰기

제안서의 전체 내용을 압축적으로 담아야 한다. 특히 제안서의 목표가 잘 드러나야 하므로 구체적이고 명료하게 표현해야 한다. 필요에 따라 부제를 사용할 수도 있다.

제안서 유형	제목 예
연구 제안서	한국어 비주격 주어 표지의 문법화 -존재 구문 및 탈격을 기원으로 하는 형식을 중심으로-
	보도자료 유형별 표준안 개발
조사 제안서	경상남도 공공언어 사용 실태 조사
	대학 교직원 노동 인권 실태 조사
사업 제안서	3D프린팅 의료기기의 시장 진출을 위한 오픈 이노베이션 플랫폼 개발 사업
	문화유산 원형기록 통합 DB 구축 사업

길잡이 2. 제안서 작성 시 유의 사항

- 핵심 내용이 잘 드러나는지 확인한다.
  - 무엇을 위한 제안이고 내용은 참신한가?
- 제안서를 공모한 기관의 상황을 고려해 작성한다.
  - 기관에서 왜 제안서를 공모했는가? 그 배경과 관련하여 제안서가 설득력이 있는가?
- 핵심 내용은 눈에 잘 보이게 서체를 달리하거나 밑줄을 긋는 등의 표시를 한다.
  - 중요한 내용이나 문구가 잘 보이는가?
- 깔끔하게 정리되었는지 확인한다.
  - 항목별 글자체와 글자 크기는 통일되어 있는가?
- 인용한 자료의 출처를 정확하게 밝혔는지 확인한다.
  - 자료의 출처가 누락되지는 않았는가?

◆ 제안서의 실제

아래는 경상국립대학교의 개척학기제 계획서 서식과 실제 계획서이다.

• 서식

개척학기제 계획서	(　　　) 학년도
	(　　　)학기

1. 인적사항

단과대학		학부(과)·전공		학년	
				학번	
				성명	

2. 내용

팀명				
구성원	학부(과)·전공	성명	학번	업무 분장
과제명				
과제 배경				
과제 목표				
과제 내용				
활용 계획 및 기대 효과				

추진 일정	기간		투입 시간	활동 계획 및 내용
	1주			
	2주			
	3주			
	4주			
	5주			
	6주			
	7주			
	8주			
	9주			
	10주			
	11주			
	12주			
	13주			
	14주			
	15주			

예산 집행 계획			
	3월		
	4월		
	5월		
	6월		
	합계		
과제 핵심어 (4개 이내)			

• 과제 배경

과제 배경	우리 일상에서 가볍게 소비되는 수많은 혐오 표현들. 이러한 혐오 표현들은 보통 차별적인 의미를 가지고 장애인, 성소수자, 여성 등 사회적 약자를 희화화하며 깎아내린다. 그렇다면 혐오 표현은 어떤 상황에서 어떤 과정을 통해 생겨나는 것일까. 실제로 혐오 표현은 언제, 누가 사용하고 있을까? 이러한 의문으로부터 우리는 이 과제를 시작하게 되었다. 따라서 우리는 개척학기제를 통해 차별과 혐오 표현이 만들어진 원리는 어떠한지 알아보고, 이들이 어떻게 차별과 혐오로 작용하는지, 실제로 어떤 의미를 담고 있는지 탐구하고자 한다. 또한 그 사용 실태와 언중의 인식이 어떤지 알아보고 보다 평등하고 차별 없는 세상을 만들기 위해 어떠한 노력을 해야 할지도 생각해 보도록 할 것이다.

• 과제 목표

과제 목표	[팀 과제 목표] 첫째, 우리 사회에 널리 퍼져 있는 차별과 혐오 표현을 조사하고 이들을 차별화 대상에 따라 1차 분류를 한다. 이렇게 1차 분류된 표현을 대상으로 단어 형성 방식상의 특성이나 의미상 특성을 통해 탐구한 후 그에 따라 다시 2차로 분류한다. 이러한 분류 과정을 거치면서 다양한 차별과 혐오 표현들을 보다 체계적으로 이해한다. 둘째, 차별과 혐오 표현이 어떤 상황과 맥락에서 사용되는지 알아보고 이러한 차별과 혐오 표현이 약자와 소수자를 차별화하는 양상과 차별화가 작동하는 원리를 고찰한다. 셋째, 차별과 혐오 표현에 대한 보다 정확한 이해를 통해 우리 사회 곳곳에 숨어 있는 차별과 혐오 표현을 찾아내고 사람들의 인식을 개선하며 더 나은 대안을 제시하고자 한다. [개인 과제 목표] 김○○ : 차별과 혐오 표현 자료를 수집하고, 자료를 1차적으로 분류한다. 차별과 혐오 표현을 그 생성 원리와 의미를 기준으로 분석한다. 생성 원인과 사용되는 상황과 맥락을 파악하고, 미니 다큐 제작을 통해 인식 개선을 촉구한다.

• 과제 내용

과제 내용	(1) 차별과 혐오 표현이 가진 의미를 자세히 알아보고 장애인을 비하하는 표현(ex.병신, 장애인 같다, 귀머거리), 여성을 비하하는 표현(ex.김치녀, 맘충, 김여사), 지역을 비하하는 표현(ex.절라디언, 홍어, 하르방), 역사를 부정하는 표현(ex.광주 폭동, 위안부) 등 차별 대상에 따라 분류한다. (2) 언어적 표현이 차별 또는 혐오 의미로 작용하는 방식을 분석하여 침묵강요(ex.김치녀, 개념녀), 부정적 이미지 축적(ex.여검사, 다문화), 불쾌감 유발(ex.히틀러-유대인-해충, 일본-재일교포-바퀴벌레), 순종과 적응의 강요(ex.살 빼라, 조신해야지), 비가시화(ex.성소수자 안 보이는 데 있어라, 퀴어 축제 하지 마라)로 분류한다.

과제 내용

(3) 단어 형성 방식(접미사나 접두사로 만들어지는 표현 등), 화맥 등 이론을 통해 (1)과 (2)의 혐오 표현이 어떻게 만들어지는지 과정(유래)을 탐구한 후 다양한 국어학 이론을 바탕으로 차별과 혐오 표현을 분류한다.

(4) 질적 자료로 쓰일 인터뷰를 위해 인터뷰 대상자를 연령별, 지역별, 성별 등에 따라 다양하게 섭외하고 혐오 표현에 대한 인식과 그 사용 정도를 인터뷰하는 모습을 촬영한다. 또한 차별과 혐오 표현 사용 실태를 조사한다.

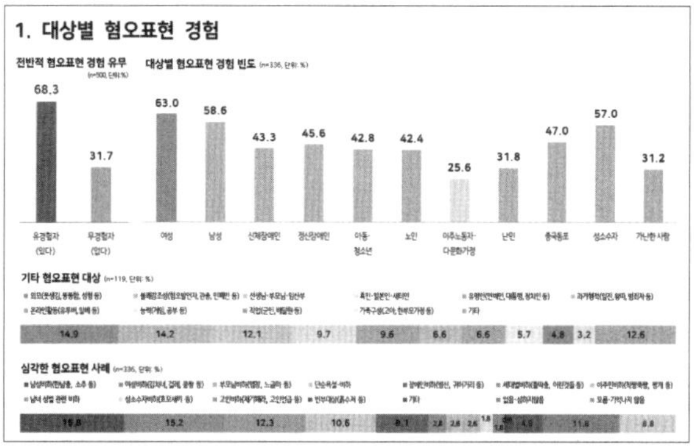

(출처: 국가 인권위원회 2019 혐오표현에 대한 청소년 인식 조사)

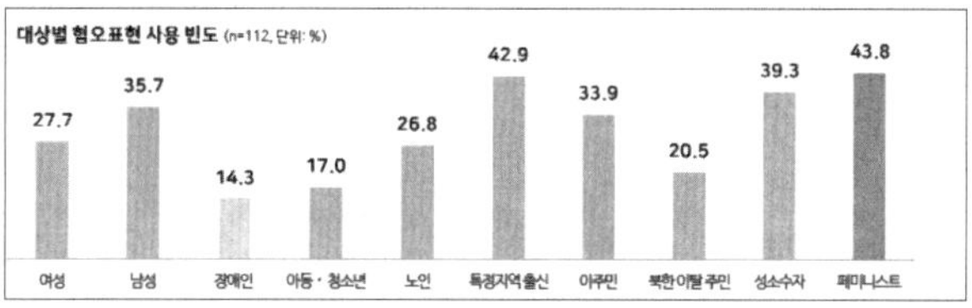

(출처: 국가 인권위원회 2019 혐오차별 국민인식 조사)

(5) 다큐멘터리 영상에 삽입될 스케치(배경 영상)를 촬영한다.

(6) 촬영한 영상들을 통해 미니 다큐멘터리(스브스뉴스, 지식채널e, Hey News 등의 영상)를 제작한다. 영상은 차별과 혐오 표현에 대해 간략히 설명함과 동시에 인터뷰 내용을 통해 시청자들이 영상 흐름에 직접 참여할 수 있도록 만든다. 최종적으로 시청자들이 차별과 혐오 표현에 경각심을 가지게 하고 사용을 줄일 수 있도록 한다.

• 활용 계획 및 기대 효과

활용 계획 및 기대 효과	① 단어 형성 원리를 실생활에 밀접하게 연결하여 알아봄으로써 국어학적 지식을 효과적으로 향상시킬 수 있다. ② 팀원들은 학습 과정에서 혐오 표현에 대한 경각심을 가질 수 있으며, 영상 시청자들 또한 혐오 표현 의미와 실태를 알고 유의할 수 있다. ③ 미니 다큐멘터리를 유튜브에 업로드하고 시민 영상제에 출품하여 많은 사람들이 시청할 수 있도록 하며, 언어 사용 습관과 관련된 공모전이 있다면 탐색해 출품한다. ④ 과제를 완성하는 과정에서 언어를 사회학적으로 접근하는 '사회언어학' 연구에 대해 탐색할 기회가 된다. ⑤ 영상 제작을 위해 학습한 정보를 취합하는 과정에서 한 가지 주제를 향한 통찰력과 끈기를 기르며 팀원들의 다양한 능력을 향상시킬 수 있다.

• 추진 일정

	기간		투입 시간	활동 계획 및 내용
추진 일정	1주	3. 8.~3. 12.	8hr	☆ 전반적인 모임 계획 모임 시간 및 장소, 모임 진행 방식, 예산 사용 방안, 학습에 필요한 교재 및 논문 탐색 등
	2주	3. 15.~9. 19.	10hr	☆ 교재와 논문을 통한 기초 이론 학습 의미론, 화용론, 형태론 정의와 세부 내용 등 학습
	3주	3. 22.~3. 26.	10hr	☆ 교재와 논문을 통한 기초 이론 학습 사회언어학의 정의, 연구 대상, 범위 등을 학습
	4주	3. 29.~4. 2.	10hr	☆ 자료 수집 차별적 언어 표현을 사전, 인터넷, 방송 등에서 수집하여 의미를 조사한 후 차별 대상에 따라 분류
	5주	4. 5.~4. 9.	10hr	☆ 자료 분석 언어적 표현이 차별 또는 혐오의 의미를 가지게 되는 과정을 분석하여 그에 따라 분류
	6주	4. 12.~4. 16.	10hr	☆ 자료 분석 조사한 차별적 언어 표현을 화용론, 형태론, 의미론을 포함한 국어학 이론에 입각하여 분석. -화자, 발화 맥락, 합성 및 파생, 의미 단위 등
	7주	4. 19.~4. 23.	10hr	☆ 자료 정리 6주차에서 분석한 자료를 통해 차별적 언어 표현을 분류. 영상 제작을 위해 필요한 자료만 정리 및 요약. 미니 다큐멘터리 개괄적인 내용과 흐름 잡기.
	8주	4. 26.~4. 30.	10hr	중간 보고서 작성 및 제출. 인터뷰 대상 섭외. 촬영 장비 대여.

	9주	5. 3.~5. 7.	10hr	☆ **진주 촬영(제주도, 경상도)** 진주에서 촬영 가능한 인터뷰 대상자 2명(제주도 출신 20대, 진주 출신 60대) 촬영. 배경 스케치 촬영.
	10주	5. 10.~5. 14.	10hr	☆ **광주 촬영(전라도)** 광주에서 인터뷰 대상자 1명 촬영. 인터뷰 대상자(전라도 출신, 연령 미정) 1명 배경 스케치 촬영.
	11주	5. 17.~5. 21.	10hr	☆ **서울, 대전 촬영(경기도, 충청도)** 서울과 대전에서 인터뷰 대상자 각 1명씩 총 2명 촬영. 인터뷰 대상자 2명(경기도 출신, 충청도 출신, 연령 미정) 배경 스케치 촬영.
	12주	5. 24.~5. 28.	10hr	☆ **영상 편집** 기타 필요한 영상 자료 촬영. 영상 편집.
	13주	5. 31.~6. 4.	10hr	☆ **추가 촬영** CG제작. 영상 편집. 추가 촬영 필요시 추가 촬영.
	14주	6. 7.~6. 11.	10hr	☆ **피드백** 영상 편집. 피드백을 통한 개선 및 보완 작업.
	15주	6. 14.~6. 18.	10hr	최종 결과 보고서 작성 및 제출

• 예산 집행 계획

예산 집행 계획	3월	1. 책 구입 '표준국어문법론' 30000*2권= 60,000 2. 책 구입 '혐오의 시대, 철학의 응답' 14000*2권= 28,000	88,000
	4월	1. 촬영 장비 대여비 (카메라 50,000+삼각대 20,000+마이크 10,000)*1회= 80,000 2. 인터뷰이 섭외 상품권 10,000*5명= 50,000	130,000
	5월	1. 촬영 교통비 20,000*2명*왕복 3회= 120,000 2. 촬영 숙박비 70,000*2박= 140,000 3. 촬영 식비 10,000*2명*5식= 100,000	360,000
	6월	1. 영상 편집 프로그램 구매 22,000*1달= 22,000	22,000
	합계		**600,000**

학습 활동

1. 우리 학교 생활(시설 이용, 교육 환경 등) 개선 제안서의 개요를 구성해 보고 발표해 보자.

2. 경상국립대학교 '개척 학기제' 계획서를 작성해 보자.

3. 전공과 관련한 제안서 공모전(OO산업 글로벌 수출 전략 공모전 등)을 알아보고 형식에 맞추어 제안서를 작성해 보자.

부 록

언어 규범에 맞는 글쓰기

부록에서는 우리가 글을 쓸 때 자주 틀리는 어문 규범 몇 가지를 살펴보고
어문 규범을 잘 지켜 글을 쓸 수 있는 방법에 대해서 알아본다.

1. 어문 규범의 중요성

어문 규범이란 말을 하거나 글을 쓸 때 기준이 되는 규범이므로 글쓰기에서 어문 규범의 준수는 필수적이다. 특히나 학술적 글쓰기에서는 어문 규범에 맞는 글쓰기가 매우 중요하다. 어문 규범을 제대로 지키지 않으면 글의 전문성과 신뢰성이 크게 훼손되기 때문이다.

어문 규범을 완벽히 지켜 글을 쓰는 것은 쉽지 않다. 그 이유를 '어문 규범이 어렵기 때문에'라고 생각하기 쉽다. 하지만 어문 규범이 어렵다기보다 어문 규범에 무관심하기 때문인 경우가 많다. 따라서 어문 규범에 관심을 가지고 잘 틀리는 어문 규범을 고쳐 바로 쓰려고 노력한다면 어문 규범을 잘 지켜 글을 쓸 수 있다.

길잡이 1. **어문 규범의 중요성**

인터넷상의 글들을 보면 기초적인 수준의 어문 규범조차 틀리는 경우를 쉽게 발견할 수 있다. 편한 사이에서 주고받는 글이라도 기초적 수준의 어문 규범을 제대로 지키지 않으면 글의 신뢰성이 떨어지고 나아가 글쓴이의 호감도까지 낮아진다. 더욱이 학술적 글쓰기에서는 기초적 수준의 어문 규범을 제대로 지키지 않으면 독자들은 필자의 지적 수준에 의심을 품기 때문에 글의 신뢰성과 전문성이 훼손될 수밖에 없다.

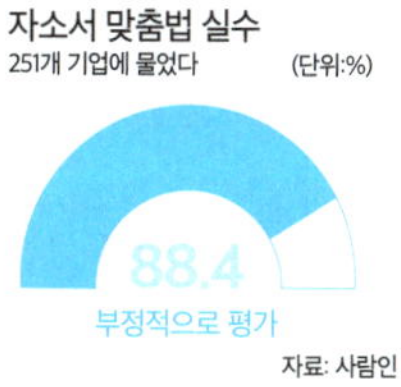

자료: 사람인

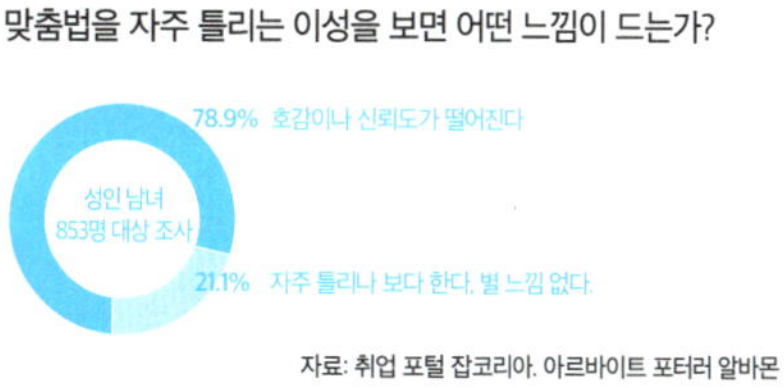

자료: 취업 포털 잡코리아. 아르바이트 포털 알바몬

2. 잘 틀리는 어문 규범 몇 가지

우리는 언어생활을 통해 자연스레 어문 규범을 잘 익혀 왔기 때문에 대부분의 국어 화자는 일상에서 소통에 문제가 될 만큼의 어문 규범 오류를 범하지는 않는다. 그렇다고 모두 완벽하게 어문 규범을 지키는 것은 아니다. 따라서 우리가 잘 틀리는 어문 규범을 알고 그것들을 잘 지키려고 노력해야 한다. 한국어 어문 규범을 자세히 알고 싶다면 국립국어원 누리집(https://kornorms.korean.go.kr/)을 참고할 수 있다.

한국어의 어문 규범은 '한글 맞춤법', '표준어 규정', '외래어 표기법', '로마자 표기법'의 4가지로 구성되어 있다. 이 중에서 가장 유의해야 할 것이 '한글 맞춤법'이다. '로마자 표기법'은 한국어를 국제적으로 널리 쓰이는 알파벳(A-Z)으로 표기하는 방법에 대한 규범으로 여기서는 다루지 않는다.

길잡이 2. 한국어의 어문 규범

- 표준어 규정: 지역적, 사회적으로 다양하게 나타나는 어휘의 형태나 발음의 표준형에 대한 어문 규범.
- 한글 맞춤법: 표준어를 한글로 적는 방식에 대한 어문 규범.
- 외래어 표기법: 외래어 또는 외국어를 한글로 적는 방식에 대한 어문 규범.
- 로마자 표기법: 한국어를 로마자(알파벳)로 적는 방법에 대한 어문 규범.

2.1. 한글 맞춤법

(1) 발음이 비슷해서 틀리기 쉬운 말

① -던/-든: '-던'은 과거의 뜻을, '-든'은 선택의 뜻을 나타낸다.

예) 어제 집에 왔던 사람이 민주 신랑감이래.

집에 가든 말든 알아서 하시오.

② -데/-대: '-데'는 과거에 경험한 내용을, '-대'는 인용한 내용을 나타낸다.

예) 어제 보니까 혜정이가 참 예쁘데.

사람들이 그러는데 진옥이가 참 예쁘대.

③ -(으)ㄹ게, -(으)ㄹ걸: 된소리로 발음되지만 '-할게', '-할걸'로 적는다.

예) 내가 너에게 힘이 될게.

빨리 집에 가서 밥이나 먹을걸.

⇨ 여기서 '-(으)ㄹ게', '-(으)ㄹ걸'은 '-(으)ㄹ 것이', '-(으)ㄹ 것을'(관형사형 어미+의존 명사 '것')의 준말이 아니라 '약속'과 '후회'를 나타내는 어미이다. 따라서 '먹을 게(먹을 것이) 많다', '먹을 걸(먹을 것을) 달라'와 달리 띄어 쓰지 않는다.

④ 받치다/받히다 : '-치-'는 강세 접사, '-히-'는 피동 접사를 나타낸다.

예) 안감을 흰색으로 받쳤다, 학생들은 공책에 책받침을 받치고 쓴다.

학생이 횡단보도를 건너다 승용차에 받혀 크게 다쳤다.

⑤ 부딪치다/부딪히다: '부딪치다'는 '무엇과 무엇이 힘 있게 마주 닿다, 예상치 못한 일이나 상황에 직면하다'라는 의미의 '부딪다'를 강조하는 말이다. 그리고 '부딪히다'는 '부딪다'의 피동사이다.

예) 파도가 바위에 부딪쳤다, 현실에 정면으로 부딪쳐 보려고 한다.

배가 파도에 부딪혔다, 냉혹한 현실에 부딪혔다.

⑥ 왠/웬: '왜인지'의 준말일 때에는 '왠지'로 쓰고, '어찌된, 무슨'의 뜻을 나타낼 때에는 '웬'을 쓴다.

예) 왠지 모르겠지만 오늘 학교에 가기 싫다.
이 늦은 시간에 웬 간식이냐?

⇨ '웬일'은 한 단어로 굳어져서 붙여서 쓴다.

(2) 형태가 비슷해서 틀리기 쉬운 말

① 맞추다/맞히다: '맞추다'는 서로 떨어져 있는 부분을 제자리에 맞게 대어 붙이거나 나란히 비교하여 살핌을 뜻하며, '맞히다'는 '맞다'의 사동사로 문제에 대한 답을 틀리지 않게 함을 뜻한다.

예) 정답과 내가 쓴 답을 맞추어 보았다.
정답을 맞히는 분에게는 상품을 드립니다.

② 낫다/낳다: '낫다'는 병이나 상처 따위가 고쳐짐을, '낳다'는 배 속의 아이나 새끼, 알을 몸 밖으로 내놓음을 뜻한다.

예) 간염은 잘 낫지 않는 병이다, 병이 다 나았다.
자식을 낳아 기르다, 얼마 전에 아이를 낳았다.

③ -(으)로서/-(으)로써: '-(으)로서'는 지위나 신분 또는 자격을 나타내며, '-(으)로써'는 재료나 수단, 도구 등을 나타낸다.

예) 언니는 아버지의 딸로서 부족함이 없다.
쌀로써 떡을 만든다, 대화로써 갈등을 풀 수 있을까?

④ 그러므로/그럼으로 : '그러므로'는 앞의 내용이 뒤의 내용의 이유나 원인, 근거가 될 때 쓰며, '그럼으로'는 앞의 내용이 도구나 수단이 될 때 쓴다.

예) 인간은 말을 한다. 그러므로 다른 동물과 구별된다.
인간은 말을 한다. 그럼으로 다른 사람과 소통한다.

⑤ 이따가/있다가: '이따가'는 조금 지난 뒤를 뜻하며, '있다가'는 '있다'에 연결 어미 '-다가'가 붙은 활용형으로, '머물다가'의 의미이다.

예) 이따가 만나자.

여기에 10분만 있다가 출발할게.

⑥ -느라고/-노라고: '-느라고'는 앞 절의 사태가 목적이나 원인이 됨을 뜻하며, '-노라고'는 자기 나름대로 꽤 노력했음을 뜻한다.

예) 웃음을 참느라고 딴 데를 보았다, 과제를 마무리하느라고 연락을 못 했다.

웃음을 참노라고 참았는데 터져 나왔다, 과제를 하노라고 했는데 좋은 성적을 받지 못했다.

(3) 파생어와 합성어: 부사 파생 접미사와 사이시옷

① 부사 파생 접미사 '이'와 '히'

부사의 끝 음절이 분명히 '이'로만 소리 나는 것은 '-이'로 적고 '히'로만 소리 나거나 '이'나 '히'로 소리 나는 것은 '-히'로 적는다.

⇨ 규정은 간단하나 개인의 발음이 다르므로 규정이 모호하게 적용될 수 있다. 따라서 아래와 같이 형태론적으로 '-이'와 '-히'를 구별하는 것이 더 편리하다.

'이'로 적는 것	'ㅅ' 받침 뒤	깨끗이, 느긋이, 버젓이, 의젓이
	'ㅂ' 불규칙 용언 어간 뒤	가까이, 가벼이, 너그러이
	'-하다'가 붙지 않는 용언 어간 뒤	헛되이, 실없이, 같이, 굳이
	겹쳐 쓰인 명사 뒤	간간이, 낱낱이, 길길이
	홀로 쓰이는 부사 뒤	곰곰이, 더욱이, 오뚝이, 일찍이
'히'로 적는 것	'-하다'가 붙는 어근 뒤	과감히, 간편히, 고요히, 정확히

⇨ 위와 같은 규칙이 적용되지 않는 '깊숙이, 끔찍이, 나직이, 납작이, 삐죽이, 수북이, 축축이, 큼직이'와 같은 어휘도 있으니 주의해야 한다.

② 사이시옷

'사이시옷'은 어근과 어근이 결합하여 합성 명사를 만들 때 그 어근 사이에서 나는 사잇소리(된소리, 'ㄴ'소리) 현상을 표기에 반영한 것이다. 사이시옷은 아래의 4가지 조건을 모두 갖추어야 쓸 수 있다.

사이시옷 표기 조건	사이시옷을 표기하지 않는 경우
'어근+어근' 구성의 합성 명사일 때	'접사+어근' 구성의 파생어일 때
앞말이 모음으로 끝나 받침이 없을 때	앞말이 자음으로 끝나 받침이 있을 때
합성 명사의 두 구성 요소 가운데 하나 이상이 순우리말일 때 (순우리말+순우리말, 순우리말+한자어)	한자어로만 구성되거나 외래어를 포함한 구성일 때
뒷말이 된소리로 발음되거나 'ㄴ'소리가 덧날 때	뒷말이 된소리나 거센소리로 시작할 때

⇨ '촛불'은 '초+불'의 구성인 합성 명사이므로 '촛불'과 같이 사이시옷을 쓰지만 '해+-님'은 '어근+접미사'의 구성인 파생어이므로 사이시옷을 표기하지 않는다. 따라서 '햇님'이 아니라 '해님'이 올바른 표기이다.

⇨ 사이시옷은 앞말이 모음으로 끝나 받침이 없을 때 쓴다. 예를 들어 '물고기'는 [물꼬기]로 사잇소리가 발생하지만 앞말인 '물'이 자음으로 끝나 받침이 있으므로 사이시옷을 쓸 수 없다.

⇨ '나뭇가지'의 구성은 '나무(순우리말)+가지(순우리말)', '전셋집'의 구성은 '전세(한자어)+집(순우리말)'으로 두 구성 요소 가운데 하나 이상이 순우리말이므로 '나뭇가지', '전셋집'으로 쓰는 것이 옳은 표기이다. 하지만 '전세방'은 '전세(한자어)+방(한자어)'으로, 그 구성에 '순우리말'이 없다. 따라서 '전셋방'이 아니라 '전세방'이 옳은 표기이다. 또 '피자집'은 외래어를 포함하는 '피자(외래어)+집(순우리말)'의 구성이므로 '피잣집'이 아니라 '피자집'이 옳은 표기이다.

⇨ 한자어로만 구성된 경우 사이시옷을 표기하지 않는 것이 원칙이나, 예외적으로 2음절 한자어 6개(셋방, 숫자, 횟수, 곳간, 찻간, 툇간)에만 사이시옷을 표기한다. 따라서 '댓가(代價)'가 아니라 '대가', '촛점(焦點)'이 아니라 '초점'이 올바른 표기이다.

⇨ '장밋빛'과 '등굣길'은 [장미삗], [등교낄]과 같이 된소리가 덧나므로 '장밋빛', '등굣길'과 같이 쓰는 것이 올바른 표기이다. 또 '빗물'과 '훗날'은 [빈물], [훈날]과 같이 'ㄴ'소리가 덧나고, '나뭇잎'과 '예삿일'은 [나문닙], [예산닐]과 같이 'ㄴㄴ'소리가 덧나므로 '빗물', '훗날', '나뭇잎', '예삿일'과 같이 쓰는 것이 올바른 표기이다.

⇨ '뒤꿈치, 위쪽'과 같이 뒷말이 된소리로 시작하거나 '뒤처리, 위층'과 같이 뒷말이 거센소리로 시작하면 사이시옷을 표기하지 않는다. 따라서 '뒷꿈치', '윗쪽', '뒷처리', '윗층'이 아니고 '뒤꿈치', '위쪽', '뒤처리', '위층'이 옳은 표기이다.

(4) 준말

① '-하다'의 준말 표기

어간의 끝 음절 '하'의 'ㅏ'가 줄어들고 'ㅎ'이 다음 음절의 첫소리와 어울려 거센소리로 될 적에는 거센소리로 적을 수 있다.

예) 간편하게 ⇨ 간편케　　　　　　연구하도록 ⇨ 연구토록

그러나 '-하다' 앞에 오는 말의 받침이 [ㄱ, ㄷ, ㅂ]으로 소리 날 때는 '하' 전체가 줄어든다.

예) 생각하건대 ⇨ 생각건대(○) 생각컨대(×)
넉넉하지 않다 ⇨ 넉넉지 않다(○) 넉넉치 않다(×)
깨끗[깨끋]하지 않다 ⇨ 깨끗지 않다(○) 깨끗치 않다(×)
섭섭하지 않다 ⇨ 섭섭지 않다(○) 섭섭치 않다(×)

② '-잖-'과 '-찮-'의 준말 표기

어미 '-지' 뒤에 '않-'이 어울려 '-잖-'이 될 적과 '-하지' 뒤에 '않'이 어울려 '-찮-'이 될 적에는 준 대로 적는다.

예) 변변하지 않다 ⇨ 변변찮다
평범하지 않다 ⇨ 평범찮다
그렇지 않은 ⇨ 그렇잖은
남부럽지 않게 ⇨ 남부럽잖게
적지 않은 ⇨ 적잖은

(5) 띄어쓰기

① 조사는 앞 말에 붙여 쓴다.

예) 꽃이, 꽃은, 꽃이다, 꽃처럼, 꽃밖에 (없다), 학생이라도, 선생님께서, 학교에서, 거기도, 하나만, 꽃밖에는, 학교에서만이라도, 멀리는, 웃고만, 조금도, 먼지뿐이다

② 의존 명사는 띄어 쓴다.

예) 아는 것이 힘이다, 나도 할 수 있다.
뜻한 바를 이루었다, 그가 떠난 지 오래다.

먹을 만큼 먹어라, 아는 이를 만났다.

범위 내, 예상 외, 학기 초, 90년대 말

예) 네가 먹을 만큼 먹어라. / 나만큼 형도 공부를 했다.

집에 갔을 뿐이다. / 교실에는 학생뿐이다.

네 가 본 대로 이야기해라. / 사실대로 이야기해라.

가족 간, 국가 간 / 사흘간, 며칠간

⇨ 한 단어가 둘 이상의 품사적 기능을 가지고 있는 것을 '품사 통용'이라고 한다. 예를 들어, '먹을 만큼'의 '만큼'은 의존 명사로 띄어 써야 하며, '나만큼'의 '만큼'은 조사로서 앞 말에 붙여 써야 한다.

③ 단위를 나타내는 명사는 띄어 쓴다.

예) 한 개, 차 한 대, 소 한 마리, 옷 한 벌, 열 살

연필 한 자루, 집 한 채, 신발 두 켤레, 북어 한 쾌

④ 수를 적을 때에는 '만(萬)' 단위로 띄어 쓴다.

예) 십이억 삼천사백오십육만 칠천팔백구십팔

12억 3456만 7898

⑤ 두 말을 이어 주거나 열거할 때에 쓰이는 다음의 말들은 띄어 쓴다.

예) 국장 겸 과장, 열 내지 스물, 청군 대 백군, 이사장 및 이사들

책상, 걸상 등이 있다, 사과, 배, 귤 등등, 부산, 광주 등지

⑥ 보조 용언은 띄어 쓰는 것을 원칙으로 한다. 그러나 경우에 따라 붙여 씀도 허용한다.

예)

원칙	허용
불이 꺼져 간다	불이 꺼져간다
먹어 보다	먹어보다
그릇을 깨뜨려 버렸다	그릇을 깨뜨려버렸다
비가 올 듯하다	비가 올듯하다
잘 아는 척하다	잘 아는척하다

⇨ '듯하다, 만하다, 척하다, 법하다' 등의 보조 용언은 '비가 올 듯하다, 그 일은 할 만하다, 아는 척하다, 성공할 법하다' 등과 같이 띄어 쓴다. 하지만 '듯', '만', '척', '법' 등에 조사가 결합하면 의존 명사이므로 '비가 올 듯도 하다', '아는 척을 하다', '할 만은 하다', '성공할 법도 하다' 등과 같이 띄어 써야 한다.

⇨ '-어지다', '-어하다'는 앞 말에 일률적으로 붙여 쓴다. 단, '하고 싶어 하다'와 같은 경우는 '싶다'와 '하다'를 띄어 쓴다. 예) 행복해하다, 애통해하다, 아파하다 / 행복해지다, 슬퍼지다

⑦ '이, 그, 저, 아무, 여러'와 의존 명사가 결합한 말은 띄어 쓴다. 다만, 아래의 예들은 모두 한 단어이므로 다 붙여 쓴다.

예) 이것, 그것, 저것 / 이분, 그분, 저분 / 이쪽, 그쪽, 저쪽 / 이편, 그편, 저편 /
이곳, 그곳, 저곳 / 이때, 그때 / 이번, 저번 /
그중 / 그동안 / 그사이 / 아무것 / 어느새 / 여러분

길잡이 3. 띄어쓰기를 잘 하기 위한 <표준국어대사전>의 활용

앞서 살펴본 내용만으로도 '한글 맞춤법'의 띄어쓰기가 복잡하고 어렵다는 것을 알 수 있다. 그러나 이것이 끝이 아니다. 가령, '웃음소리'와 같이 한 단어인지 아닌지에 따라 띄어쓰기를 결정해야 하는 경우에는 앞서 살펴본 내용만으로는 판단할 수 없다. 이때는 <표준국어대사전(https://stdict.korean.go.kr/main/main.do)>을 찾아보는 수밖에 없다.

예1) '웃음소리'의 검색 결과

예2) ‘바람소리’의 검색 결과

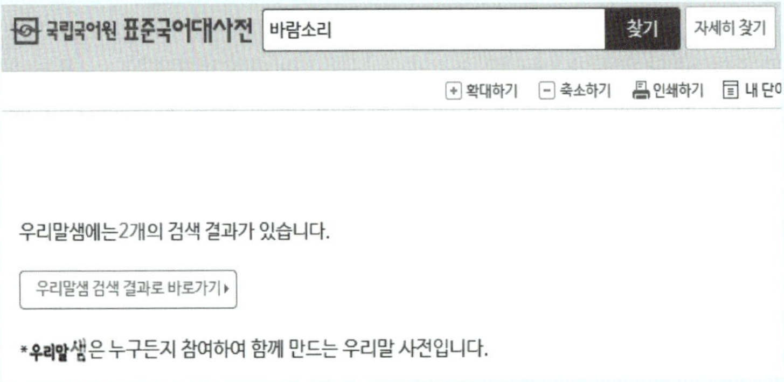

예1)과 같이 한 단어로 검색이 되면 붙여서 쓰고, 예2)와 같이 한 단어로 검색되지 않으면 띄어 써야 한다. 한편, 아래의 예3)은 검색 결과가 있지만 예1)과 달리 두 단어 사이에 ‘^’ 기호가 있다. 이러한 기호가 있으면 띄어 쓰는 것이 원칙이지만 붙여 쓰는 것도 허용된다는 것을 뜻한다.

예3) ‘학기말시험’의 검색 결과

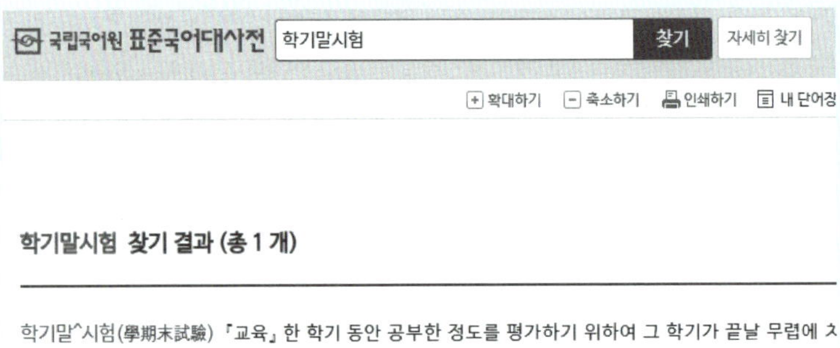

2.2. 표준어 규정

① '웃-/윗-'의 구별

- 웃-: 아래위의 대립이 없는 명사. 예) 웃돈, 웃어른...
- 윗-: 아래위의 대립이 있는 명사. 예) 윗니-아랫니, 윗집-아랫집, 윗물-아랫물...

② '홀몸/홑몸'의 구별

- 홀몸: 배우자나 형제가 없는 사람.
- 홑몸: 딸린 사람이 없는 혼자의 몸. 또는 아이를 배지 아니한 몸.

③ '아니요/아니오'의 구별: '아니요'는 감탄사, '아니오'는 형용사 '아니다'의 활용형.

- 아니요: 감탄사 예) 가: 숙제 다 했니? 나: 아니요, 조금 남았어요.
- 아니오: 형용사 '아니다'의 활용형 예) 그것은 내 잘못이 아니오.

④ '이다/아니다'의 활용

- '표준어 규정'에서는 '-이에요'와 '-이어요'를 복수 표준어로 인정하고 있다. '-이에요/-이어요'는 받침이 있는 말 뒤에서 ㄱ과 같이 '-이에요', '-이어요'로 나타나고, 받침이 없는 말 뒤에서는 ㄴ과 같이 그 준말인 '-예요', '-여요'형으로 나타난다. 즉, 받침 없는 말 뒤에서는 '-이에요', '-이어요' 대신 그 준말인 '-예요', '-여요'형만을 인정한다.

  예) 받침이 있는 말 뒤: 책이에요/책이어요
  받침이 없는 말 뒤: 저이에요/저이어요(×) ⇨ 저예요/저여요

- '아니다'의 경우, '이다'를 이미 포함하고 있는 말이므로 ㄷ과 같이 '-이에요, -이어요'에서 서술격 조사 부분인 '-이다'가 빠진 '-에요, -어요'가 결합하게 된다. ㄷ의 준말은 ㄹ과 같이 쓴다.

  예) 아니에요/아니어요
  아녜요/아녀요

2.3. 외래어 표기법

외래어 표기법은 외래어 또는 외국어를 한국어 자음과 모음을 이용해서 표기하는 방법으로 원어의 발음을 반영해서 아래와 같이 기본 원칙대로 표기하는 것을 원칙으로 한다. 하지만 굳어진 관용을 존중하는 등 원칙에 적용되지 않는 예외가 많다. 따라서 기본 원칙과 적용법을 익히되, 외래어 표기법을 바르게 쓰려면 국립국어원 누리집(홈페이지)에서 정확하게 확인한 후에 쓰는 것이 좋다.

◆ 기본 원칙

제1항. 외래어는 국어의 현용 24 자모만으로 적는다.

제2항. 외래어의 1음운은 원칙적으로 1기호로 적는다.

제3항. 받침에는 'ㄱ, ㄴ, ㄹ, ㅁ, ㅂ, ㅅ, ㅇ'만을 쓴다.

제4항. 파열음 표기에는 된소리를 쓰지 않는 것을 원칙으로 한다.

제5항. 이미 굳어진 외래어는 관용을 존중하되, 그 범위와 용례는 따로 정한다.

◆ 적용

• 받침에는 'ㄱ, ㄴ, ㄹ, ㅁ, ㅂ, ㅅ, ㅇ'만을 쓴다.

예) 슈퍼마켇 (×) / 슈퍼마켓 (○)

• 된소리 'ㄲ, ㄸ, ㅃ, ㅆ, ㅉ'는 'ㅋ, ㅌ, ㅍ, ㅅ, ㅊ'로 쓴다.

예) 까페 (×) / 카페 (○) 아뜰리에 (×) / 아틀리에 (○) 빠리 (×) / 파리 (○)

• 'ㅈ, ㅉ, ㅊ' 뒤에 오는 이중모음 'ㅑ, ㅕ, ㅛ, ㅠ'는 'ㅏ, ㅓ, ㅗ, ㅜ'로 쓴다.

예) 쥬스 (×) / 주스 (○) 비젼 (×) / 비전 (○) 피쳐링 (×) / 피처링 (○)

• [ʃ]는 어말에서는 '시'로, 자음 앞에서는 '슈'로 적는다. 또 뒤따르는 모음에 따라 '샤, 섀, 셔, 셰, 쇼, 슈, 시'로 적는다.

예) 리더쉽 (×) / 리더십 (○) 쉬림프 (×) / 슈림프(○)
쉐이크 (×) / 셰이크 (○)

• [l]이 모음 앞에 올 때에는 'ㄹㄹ'로 적는다.

예) 프라자 (×) / 플라자 (○) 카타로그 (×) / 카탈로그 (○)
크럽 (×) / 클럽 (○)

• [ou]는 '오'로 적는다.

예) 보오트 (×) / 보트 (○) 스노우 (×) / 스노 (○) 옐로우 (×) / 옐로 (○)

길잡이 4. '외래어 표기법' 용례 확인: <국립국어원> 누리집의 '어문 규범 찾기' 이용

외래어 표기법은 관용을 존중하여 예외로 인정하는 경우가 많으므로 정확하게 쓰려면 국립국어원 누리집(홈페이지)에서 그 용례를 검색해 보고 쓰는 것이 좋다. 그 방법은 아래와 같다.

① 국립국어원 누리집(www.korean.go.kr)에서 '지식-어문 규범 찾기'를 누른다.

② '용례 찾기-외래어 표기법'에서 찾고자 하는 외래어 표기를 검색하고 용례 보기를 누른다.

연습 문제

1. 다음 중 바른 것을 고르십시오.

① 갑작스런 전화에 (하던/하든) 일을 멈추었다.

② 그 사람은 또 (야근한대/야근한데). 왜 이렇게 일이 (많대/많데)?

③ (이따가/있다가) 집에 가서 (연락할게/연락할께).

④ 정박해 있던 배가 세찬 파도에(부딪혔다/부딪쳤다).

⑤ 커피는 쟁반에 (바쳐서/받쳐서/받혀서) 가지고 가세요.

⑥ 이게 (왠/웬) 떡이야?

⑦ 퀴즈의 답을 다 (맞혀서/맞춰서) 상품을 받았다.

⑧ (친구로서는/친구로써는) 좋으나, (남편감으로서는/남편감으로써는) 부족한 점이 많다.

⑨ (하노라고/하느라고) 했는데 마음에 드실지 모르겠습니다.

⑩ 다음 이차 함수 함수 값에서 (최소값/최솟값)과 (최대값/최댓값)을 구하십시오.

⑪ (전세방/전셋방) 구하기가 쉽지 않군.

⑫ 그는 (전세집/전셋집)을 구하러 아침에 나갔다.

⑬ 이야기의 (초점/촛점)이 분명해져 갔다.

⑭ 보수는 (섭섭지 않게/섭섭치 않게) 드리겠습니다.

⑮ (그렇잖아도/그렇찮아도) 연락하려고 했어.

⑯ (웃집/윗집)으로 이사 온 사람들이 떡을 나눠 주었다.

⑰ 그 분은 얼마 전에 사별하시고 (홀몸/홑몸)이 되셨어.

⑱ 혜택이 큰 (멤버쉽/멤버십)에 가입하려고 해요.

⑲ (워크숍/워크숖/워크샵)을 개최할 예정입니다.

⑳ (까페/카페)에서 빵과 (쉐이크/셰이크)를 주문했다.

2. 맞는 표현에 ○표시를, 틀린 표현에 ×표시를 하십시오.

① 아래집 (○ / ×)
② 나무가지 (○ / ×)
③ 장밋빛 (○ / ×)
④ 나뭇잎 (○ / ×)
⑤ 회수 (○ / ×)
⑥ 의젓이 (○ / ×)
⑦ 버젓이 (○ / ×)
⑧ 곰곰히 (○ / ×)
⑨ 고요이 (○ / ×)
⑩ 실없이 (○ / ×)
⑪ 가까이 (○ / ×)
⑫ 너그러이 (○ / ×)
⑬ 간간히 (○ / ×)
⑭ 깨끗히 (○ / ×)
⑮ 굳이 (○ / ×)

3. 다음 중 띄어쓰기가 바르게 된 것을 고르십시오.

① 그 친구는 (공부밖에 / 공부 ∨ 밖에) 몰라.
② (집에서만이라도 / 집에서 ∨ 만이라도) 편하게 쉬고 싶어요.
③ 내가 할 수 있는 (범위내에서 / 범위 ∨ 내에서) 도와줄게.
④ (그가 떠난지 / 그가 ∨떠난 ∨ 지) 벌써 5년이 지났다.
⑤ (사흘간 / 사흘 ∨ 간) (잘만큼 / 잘 ∨ 만큼) 자고 푹 쉬세요.
⑥ 내가 (하는대로 / 하는 ∨ 대로) 따라하지 말고, 너는 (너대로 / 너 ∨ 대로) 해.
⑦ 커피 (한잔 / 한 ∨ 잔)에 (오천원 / 오천 ∨ 원)입니다.
⑧ 평소에 힘들었으니 (그만둘 법도하지 / 그만둘 법도 ∨ 하지).
⑨ 날씨가 부쩍 (더워져서 / 더워 ∨ 져서) 그런지 아이들이 수영장에 (가고 싶어해 / 가고 싶어 ∨ 해).
⑩ (이분 / 이 ∨ 분)은 (저번 / 저 ∨ 번)에 말씀드린 저희 학과 선생님이십니다.

4. 다음을 읽고 맞춤법에 맞지 않은 곳을 찾아 다듬어 보십시오.

양측은 이 번 업무 협약을 통해 긴밀한 협력 관계를 구축하여 함께 발맞혀 나가기로 합의하였다. 특히 교역과 관련한 규정을 과감이 개정하고 양국 기업을 적극적으로 지원하기로 하였다. 협약식에 참석한 ○○○ 대사는 이번 협약이 양국간 경제, 무역 및 투자 관계를 원활하게 하는데 긍정적 영향을 미칠 것이라며 장미빛 비전을 전망하였다.

5. 다음을 읽고 띄어쓰기가 잘못된 것을 다듬어 보십시오.

 이래서 나는 애초에 계약이 잘못된걸 알았다.
이태면 이태,삼년이면 삼년,기한을 딱 작정
하고 일을 해야 원,할 것이다.덮어놓고 딸이
자라는대로 성례를 시켜주마.했으니 누가 늘
지키고 섰는 것도 아니고,그 키가 언제 자라
는 지 알수 있는가.(중략)개,돼지는 푹푹
크는 데 왜 이리도 사람은 안크는지.한 동안
머리가 아프도록 궁리도 해 보았다.

–소설 『봄봄』(김유정, 1935) 중

대학생을 위한 학술적 글쓰기

2022년 8월 30일 초판 1쇄 발행
2023년 3월 1일 초판 2쇄 발행
2024년 3월 4일 초판 3쇄 발행

지은이 강민정, 강현주, 김민국, 박용식
펴낸이 권순기
부장 김경민
편집 이가람
디자인 이희은

펴낸곳 경상국립대학교출판부 | 출판등록 1989년 1월 7일 제16호
주소 경남 진주시 진주대로 501
전화번호 055) 772-0801(편집), 0802(디자인), 0803(도서 주문)
팩스 055) 772-0809
전자우편 gspress@gnu.ac.kr
홈페이지 http://gspress.gnu.ac.kr
페이스북 https://www.facebook.com/gnupub
블로그 https://blog.naver.com/gnupress12
인스타그램 https://www.instagram.com/gnupress

책값은 뒤표지에 있습니다.